LA PÉTRIE,

OU

L'INDUSTRIE EN DÉBINE,

LE ROI DU PÉTRIN.

Cloches, carillonnez!... sonnez, sonnez, trombons!
   Nous devons aux sages BARBONS
   Le nouveau Roi de la *Pétrie*!...
      Oui, des gens-bons!...
      Oui, des gens-bons!...
      C'est un des bons!...
   Et contre tous je le parie!...
   Prosternez-vous!... le nouveau Roi,
   De par son auguste tendresse,
   A mis les mitrons hors la loi,
   Octroyant le pain de largesse!...
   Tout mitron doit pétrir la nuit,
Le livrer dès le jour, de poids égal, bien cuit!...
Et, pour nous préserver de l'horrible famine,
   Avoir toujours en magasin,
Non la vesce puante ou le mou sarrasin,
Mais de notre cité, de la meilleure usine,
Du moins mauvais froment la meilleure farine,
   Pour en radoucir le levain!
Bien suivre en surbaissant toute taxe du pain;
Donner, mal an, bon an, un large massepain
   Aux *mal-payants* de la patrie!...
   Pour témoignage d'intérêt
De leur zèle constant à nourrir les familles,
   Le nouveau Roi, sur un décret,
De sa royale main a mis par apostilles :
Par tous leurs droits acquis et leurs loyaux secours
Par leur humble respect, leurs suppliants recours,
Par notre humanité, notre sensiblerie,
Notre aide à protéger, secourir l'industrie;
Sur notre bon plaisir, au choix du boulanger,
   Nous lui permettons de manger
   Les hannetons ou les chenilles!...

Messieurs les Boulangers,

« Toutes les propriétés sont inviolables
« sans aucune exception. »

(SIBYLLE 8.)

Il faut être utile aux autres en voulant être utile à soi-même.
Ce programme de l'*Echo de la Boulangerie* se traduit par *œquias,
œqualitas*, justice à tous : aussi vous a-t-on invités, Messieurs les
Boulangers, *à élire pour syndics des hommes alliant à un ca-
ractère ferme un langage modéré.* Vous avez suivi ce conseil,
et *les syndics de 1845 réunissent les qualités nécessaires pour
représenter dignement leur industrie, et ils sauront défendre et
soutenir les intérêts qui leur sont confiés* (1). MM. Darbon,
Gaillard, Lespès fils, Dufour, H. Labat, ne manqueront pas à
ce mandat.

Chargé de la défense de la Boulangerie, je dois compte de ce
que j'ai fait pour ses intérêts, prévenir les erreurs préjudicia-
bles qui ne se sont que trop reproduites, présenter une solution.

MM. les Syndics de 1843, MM. les Syndics renforcés de 1844
irrégulièrement élus (2), M. Darbon, M. Labat jeune, adjoint
de maire de Caudéran, voulaient-ils la prospérité de la Boulangerie, ou travaillaient-ils à leur intérêt particulier ?... Quelles
que fussent leurs pensées, il faut reconnaître qu'ils ont travaillé

(1) *Echo de la Boulangerie*, 15 janvier et 1er février 1845
(2) Protestation éludée par l'administration municipale.

à la ruine de tous!..... et s'ils n'ont rien obtenu, c'est qu'ils ne pouvaient rien obtenir!

Ne leur en voulons pas!..... Pour reconstruire un édifice, il faut en détruire les vieux fondements; mais il ne faut pas que les maçons soient architectes, et les architectes maçons!

La prospérité de la Boulangerie, *l'énergie*, *la modération* ne résulteront *que d'hommes sincères* qui voudront l'organisation de la Boulangerie par la loi!

Si MM. les Sydndics de 1843, si M. Darbon étaient propres à diriger notre industrie, pourquoi se sont-ils adjoint M. Labat jeune, adjoint de maire de Caudéran? C'était-il pour s'éclairer sur les lois? M. l'Adjoint de maire de Caudéran ne les connait pas!...... C'était-il pour nous inspirer plus de confiance par la moralité d'un magistrat? ou c'était-il pour mieux nous séduire et nous enlacer?.... Pourquoi MM. Labat jeune et Darbon, après avoir proposé à la Boulangerie l'unité des achats des farines de ville pour obtenir l'augmentation des taxes, ont-ils plus tard déclaré que ce contrat était frauduleux et la ruine de notre industrie?... (1) C'est qu'il était frauduleux!... et j'avais eu raison de le déclarer!..... S'il a été énergique dans un magistrat campagnard de le dénoncer, n'est-il pas très modéré dans les magistrats de la cité de se laisser accuser d'avoir voulu faire profit de la ruine de la Boulangerie?.....

Lorsque M. Labat jeune se proposa pour délégué, pourquoi M. Darbon ne le fit-il pas nommer?..... Pourquoi M. Darbon voulut-il trois fois me ravir la délégation?..... M. Darbon, qui comprend tout, ne pouvait comprendre que mon âme était insaisissable et qu'il ne pourrait la ravir!..... Mais M. Darbon, qui sait très bien que M. l'Adjoint de maire de Caudéran arrête les voleurs, ne trouverait pas qu'il serait énergique et modéré que ce noble officier public continuât à les arrêter!.....

Si M. Darbon avait connu les lois, il n'eût pas voulu régir la Boulangerie par le mystère, l'intrigue et l'opposition; il n'eût pas reconnu proposables ses absurdes et illégales propositions!...

(1) Rapport à MM. les Députés : Labat jeune, p. 6.

Pour son malheur, M. l'Adjoint de maire de Caudéran trouva dans ses antiquailles que ses grands-cousins avaient proposé en 1833, 1825, 1806 et autres siècles, de doubler les approvisionnements et de ruiner la petite boulangerie!..... — Oh! s'écriat-il, ruinons la petite boulangerie!.... Moins de boulangers, moins de concurrents!..... Je fermerai ma porte de la cité, moins de contributions!..... Je fabriquerai à meilleur marché, plus de profit!..... Que de bénéfice sur la graisse des ours!..... Avec un Darbon, nous allons clandestinement le proposer, le faire accepter!.... Mais il faudrait une bonne loi, une bonne loi!.... *Je m'étaye du décret de 1812!..... je m'en fais une arme contre l'arrêté de 1840!.....* Voilà du despotisme, de l'arbitraire, de la tyrannie, de l'autorité, de la puissance!..... *Autoriser, approvisionner, confisquer, suspendre, interdire, taxer, emprisonner, afficher, quelle belle loi!.....* Je double les approvisionnements! *j'invoque la limitation!..... On dit ce principe contraire à la charte, à la liberté industrielle; mais le serait-il, consacré par une loi?* (1)

M. l'Adjoint de maire de Caudéran ne remarqua point que, vu que l'art. 2 du décret de 1812 fixe les quotités d'approvisionnements, il était impossible de les doubler par ce décret; que la limitation ne pouvait résulter d'une loi contraire à notre état constitutif, mais d'une loi découlant de l'harmonie constitutive; que la limitation n'aurait point pour résultat la prospérité de la Boulangerie, si les taxes résultant de la loi ne résultaient d'une proportion équitable des bénéfices : car, M. l'Adjoint de maire de Caudéran fût-il seul boulanger à Bordeaux, sous les taxes d'aujourd'hui réduites de 10 p. 100, il ne serait pas deux jours boulanger; la farine lui manquerait par le crédit, qui n'est accordé qu'à l'industrie qui bénéficie!...

Doubler les approvisionnements pour limiter le nombre des boulangers n'est pas une innovation; par l'arbitraire on pourrait vouloir interdire tous ceux qui en ont fait la proposition, ne maintenir que les boulangers malheureux : comment les limitants

(1 Labat jeune, rapport à MM. les Députés, p. 28-29.

trouveraient-ils cette limitation? Voici la réponse de MM. les
Syndics de 1806 à cette égoïste proposition :

« Monsieur le Maire,

» Lorsque nous fûmes nommés délégués de la Boulangerie,
» nous promîmes d'être fidèles à l'autorité, de défendre les bou-
» langers dans leur état et leur propriété : nous allons remplir
» l'une et l'autre de ces promesses.

» Un bruit annonce que les approvisionnements vont être dou-
» blés : cette mesure réduirait plus de cent boulangers à la mi-
» sère; nous ne pouvons redouter cette exaction tyrannique con-
» traire aux lois. Veut-on ôter la Boulangerie de son état de
» pauvreté? qu'on ne contraigne plus les boulangers à vendre
» le pain sans indemnité au-dessous du prix des matières.

» *Les Syndics,* BONNEFONT, ROUSSARIE cadet. »

Honneur! Bonnefont, Roussarie,
Relevez-vous ! répondez à ma voix !
Quittez les morts ! et la Boulangerie
Pour ses nouveaux élus de vous seuls a fait choix !...
Quand, à lutter contre l'envie,
Craintif de l'avenir qui suit notre trépas,
Vous parsemiez de fleurs le chemin de la vie,
Dieu, par sa volonté, me guida sur vos pas;
Et pour les recueillir en couronnes tressées,
Sur vos généreuses pensées,
En les plaçant j'écris : *Notre âme ne meurt pas !...*
Comme vous, sauvageon de primitive race;
Tour-à-tour, sous le joug reptile populace,
Héros, près des héros, au jour de liberté !...
Je voulus par ses droits affranchir l'ignorance,
Et protéger par la puissance
Son orgueilleuse vanité;
Mais, pour réprimer son audace,
J'ai dû lui jeter à la face
Les fers de sa captivité !...
Pardonnez à ces pauvres hommes,
Aveugles qu'on guide à marcher;
Ramenez vers le joug, loin de les arracher
Du vieux sentier battu par les bêtes de sommes :
On veut les priver de ma foi !...
Santé, l'ami ! trinquez, ton verre;

Je rebois, revote pour toi !...
Tu n'es pas diploumé, confrère ?...
Que ça te fait ?... vote pour moi !...
***Renforcé**, tu crains le meurmeure,*
Les animaux il est très entêté ;
Pour te revoter, je te jeure
Que je me suis bien riboté !... (1)
Mais ces nobles mignons qui singent, en parties,
Les barons des vieux temps sous d'éphémères rois,
Qu'ils viennent se frotter à mes vertes **orties**,
Elles piquent comme les lois !...

Cettre proposition, que M. le Ministre de l'intérieur déclara, *en 1825, contenir des assertions inexactes, des mesures inadmissibles, des vues où l'esprit de l'intérêt privé prédominait sur l'intérêt général, et être contraire à la législation*, ne pouvait être acceptée en 1845 ; aussi a-t-elle été rejetée.... (2)

Que proposeront MM. les Syndics de 1845, aujourd'hui que MM. les Syndics ont échoué de toute part ?

Il ne suffit pas d'être syndic, il faut en reconnaître les attributions. Par les statuts de 1491, 1570, 1776, les syndics, comme tous les syndics, étaient chargés de la surveillance des intérêts de la profession, se présenter, défendre auprès de l'administration ; les syndics étaient les prud'hommes entre l'autorité et l'industrie ; les syndics surveillaient que le droit du boulanger ne tombât pas en cotillons par les femmes et les filles ; les veuves n'avaient la faveur d'exercer cette industrie que pour les orphelins, à la condition *de vivre sans paillardise ni lubricité, ni associer aucun personnage prennant gain ou perte audit métier.*

Les syndics surveillaient que le pain ne fût vendu qu'aux portes de Trompette et de Espaux et sans *coustières* ; le pain *de Podensac* ailleurs qu'à la porte de la *Grue*, et le pain de la comté d'Ornon transporté en panier à la *panneterie* du marché ; que l'on distribuât aux boulangers vieux et infirmes les secours semainiers, et qu'ils fussent honorablement enterrés.

1. Orgie Richelieu

2. Dépêche ministérielle à M. le Préfet de la Gironde, 11 février 1825

Par le décret de 1812, les syndics ne sont *que de simples agents de police* qui, par l'art. 7 de ce décret, n'ont d'autres attributions que la surveillance des approvisionnements de la Boulangerie : or, il n'est plus d'approvisionnements, et les fonctions de syndics se réduisent à rien !.... Donc il ne faut pas être très énergique..... Aucune disposition du décret de 1812 ne confère aux syndics la révision des mercuriales, et c'est par l'absence de ce droit que M. l'Adjoint de maire Curé en a dépossédé MM. les Syndics.

En examinant la constitution du décret de 1812, MM. les Syndics eussent facilement remarqué que, par l'art. 15, MM. les Préfets étaient seuls chargés *de faire des réglements locaux sur la taxation du prix des différentes espèces de pain.* Or, MM. les Préfets ne pouvaient transférer cette autorité à la commune, et les boulangers n'étaient tenus qu'à subir les taxes par arrêtés préfectoraux ; ce qui le constitue, c'est que les Préfets faisaient seuls les arrêtés relatifs à la Boulangerie, et ce n'est que par abus de l'autorité que les maires ont voulu réglementer la Boulangerie. La loi du 18 juillet 1837 n'a confirmé que la minorité de la commune et la loi de 1791 sur les attributions municipales ; mais aujourd'hui, maires, préfets, ne peuvent rien taxer, ni imposer les approvisionnements, et la difficulté de la question était de les rétablir.

Que proposera M. Darbon ? Prouvera-t-il ce qu'il comprend par énergie, modération, équité, justice ? courbera-t-il sa supériorité devant l'administration qui a chassé les syndics, qu'il a reniée, accusée ?.... Me traduira-t-il à la barre de la Boulangerie pour me dépouiller du mandat qu'il n'a pu me soustraire, me ravir ? Je le lui défends !.... Que ferait-il si l'administration exigeait des approvisionnements, si les farines doublaient de leur prix, si les taxes n'étaient pas augmentées ; par quels principes réorganisera-t-il la Boulangerie en anarchie, rendra-t-il à la cité ses réserves, sa sécurité, présentera-t-il la limitation ? Comme le ver-luisant, pour briller de sa propre lumière, nous enfouira-t-il dans les ténèbres ? Que fera-t-il donc ?.. Rien !... Alors, il n'est même pas le Roi du pétrin !....

La vieille loi du talion
Dent pour dent réclamait le signe :
Darbon, à nous deux le plus digne?....
C'est la morsure du lion!.....

Tous les hommes ne sont pas nés, Messieurs les Boulangers, pour être législateurs; si le grand Mahomet proposa aux enfants de l'Islamisme de ne boire que de l'eau, le grand Guillaoumet proposa aux Escargots de boire du vin, et il leur dit :

Limoneux Escargots, contre vous je m'indigne !
Pourquoi dévorez-vous la fleur de notre vigne ?...
Frêles invertébrés de l'animalité,
Essayez de gravir l'anneau de sommité ?...
Délaissez les bourbiers, quittez votre coquille,
Des nobles vertébrés augmentez la famille.
Comme vous ver impur, papillon né d'un œuf,
Je fus punaise, rat, chat, chien, loup, âne, bœuf;
De tous les animaux j'ai parcouru la chaîne,
Et je passai du singe à notre espèce humaine !...
Par de légers efforts, au gré de vos désirs,
Venez de l'homme-roi partager les plaisirs ;
Aux choux-croûtes, navets, la fleur nauséabonde,
Vous saurez préférer d'autres goûts de ce monde,
Et jouir de l'extase et du plaisir divin,
Non de vous gorger d'eau, mais de boire du vin !...
      Pour son malheur, une limace,
De son nez, à ces mots, qui salivait la place,
Lui dit : Cher *Guillaoumet*, ou commande, ou tais-toi :
Du dieu des Escargots peux-tu changer la loi ?...

Lorsque l'illustre Alpha des remarquables etc., etc., etc., P. J. M., *Prouve-Jamais*, déclama de sa *mirobolante* éloquence les taxations des entre-côtes, cette question se rattachait à la Boulangerie, et j'eus l'honneur de très modérément demander à l'illustre P. J. M. en vertu de quelle loi?..... Ce B. O. A. me prit pour un bœuf gras, il en devint Z!...; et ne pouvant m'avaler, il *scapina* mon rapport au ministre dans sa fureur de trouver le droit! J'avais tout trouvé, déclara-t-il, *hors les pâtés-Sansot!*.... MM. les Syndics renforcés crurent que c'était une idée pâte, patate, peut-être truffe!..... et M. le syndic Fournier m'écrivit que *les ânes à Pézenas n'allaient point chez les imprimeurs;* ce qui me contraignit à lui répondre que l'immortel auteur des

Pourceaugnac, en les jouant à Pézenas, ne trouva les ânes qu'au moulin !.... Eh bien ! c'était mieux ; B. O. A. voulut calembouliquer le pâté *sans-sot, sans lui !* ou *sans-moi !* et comme cet indigeste pâté devait vous étouffer, Messieurs les Boulangers, j'étouffai B. O. A. avec ma *vieille Jeannette,* ma *galette à la Mitroni !*... et le grand taxateur des bœufs s'étouffa sans taxer les Crevettes !

Dans toutes les questions relatives à la Boulangerie, on a voulu paraître invoquer le droit ; le droit contre la Boulangerie, par toute la rouillée féodalité ; jamais le droit de la loi ; et M. le Rédacteur de l'*Echo de la Boulangerie* a-t-il pu laisser insérer dans un écrit public, et sous sa responsabilité, que *l'administration municipale avait le droit de taxer le pain !* (1) principe subversif de nos institutions constitutives. Si l'administration avait eu le droit de taxer le pain, j'eusse écrit : *Obéissez !*..... C'est parce que l'administration municipale a reconnu qu'elle ne peut pas taxer le pain, qu'elle a voulu couvrir cette exigence par l'apparence d'une protection limitative.

Si le décret de 1812 était toujours la loi, on pouvait par ce décret limiter la Boulangerie par les permissions spéciales, par les suppressions absolues : en 1816 on supprima vingt-six boulangers à la fois ; par le décret de 1812, MM. les Préfets pouvaient réglementer la Boulangerie ; or, réglementer, c'est organiser, non bouleverser, ruiner. Si le décret de 1812 n'est plus la loi pour les autorisations, les approvisionnements, les suppressions, les interdictions, est-il la loi pour les taxes ; et n'est-il pas ironique d'invoquer la liberté de l'industrie en proclamant l'autorité des taxations ?.....

Ce n'est pas la seule des folies !.... M. le Maire d'Angoulême, supposant des sacs pouvant contenir du blé, peut-être des marrons, et qui contenaient des fèves, fait visiter toute la Boulangerie : j'ai réclamé de M. le Rédacteur de l'*Echo de la Boulangerie* d'examiner si les boulangers pouvaient avoir en magasin des farines de fèves, seigle, maïs, en faire et vendre du pain, vendre du pain de maïs pour du maïs, du seigle pour du seigle, non du

(1) *Echo,* 1er février 1845.

pain de maïs pour du pain de froment; M. le Rédacteur de l'*Echo de la Boulangerie* a fait le mort!....

M. le Maire de Bordeaux, par ses arrêtés sur la taxe du pain, établit 36 cent. 1[4, 21 cent. 1[2, 26 cent. 3[4 : est-il des fractions absolues ou ordinaires dans le système décimal? comment doit-on écrire, et par quelle loi?

121, 36 1[4		12 1 36 25
231, 31 1[2	ou	21 1 31 50
451, 26 3[4		45 1 26 75
803, 94 1[2		803, 94 50

Devra-t-on condamner M. le Maire, ou les boulangers par l'illégal arrêté de M. le Maire? ou les boulangers doivent-ils compter comme l'on ne compte pas, comme la loi ne le veut pas?..... et M. le Rédacteur de l'*Echo de la Boulangerie* a fait le mort!...

Conformément aux absurdes arrêtés, aux exactions tyranniques qui contraignent les boulangers à *faire le pain de poids égal, à ne pouvoir le détailler au poids, à ne s'immiscer dans aucun commerce* (1), les boulangers doivent-ils posséder des poids, des mesures pour ne pouvoir s'en servir? Les boulangers ne doivent que le poids du pain, le vendre non de poids égal, mais comme à Paris, comme toutes marchandises, pour son poids; non posséder des poids et mesures dont ils ne se servent pas, mais seulement les poids et mesures dont ils se servent; nul n'est tenu à posséder des poids dont il ne fait pas usage!... et M. le Rédacteur de l'*Echo* n'a pas voulu traiter de ces questions, il préfère ne traiter de rien.

Dans l'intérêt de la Boulangerie, et depuis six mois, j'en ai appelé au ministre; si le ministre ne répond pas, faudra-t-il subir ce despotisme ou se laisser lasser par les condamnations? Si c'est la loi, il faut obéir! Mais peut-on nous obliger à ce que l'on nous défend; nous défendre et obliger?.... N'est-il pas du devoir des syndics, *si syndics il y a*, de faire vider toutes ces ques-

---

(1) Arrêtés 1809, 1814, 1830

tions; et **M.** le Rédacteur de l'*Echo de la Boulangerie* se protége-t-il pour nous réduire en servilisme!....

Que sont ces questions secondaires relativement à la question organique des taxes, des approvisionnements, de la limitation? Elles prouvent seulement que les boulangers ne sont que des eunuques publics, et non cette famille romaine vivant de la famille et faisant vivre la famille; mais ces bannis arrachés aux galères d'Afrique pour pétrir à la Pistorie!....

M. le Rédacteur de l'*Echo de la Boulangerie* avait promis, par l'écho de la bonne presse (1), de proclamer les vérités utiles, de faire prévaloir les justes réclamations des boulangers contre les réglements illégaux qui frappent cette industrie; de combattre les sophismes, d'éclairer la question par le tribut de l'expérience et des lumières des hommes généreux qui ont traité de la limitation : protection qui n'a pas été contestée; l'administration l'a acceptée, MM. Jaubert, Labat jeune l'ont réclamée; j'ai eu l'honneur d'en présenter la nécessité publique sous les yeux du Roi. Mais personne n'a encore opposé pourquoi les réglements sur la Boulangerie étaient illégaux; au contraire, on a proclamé que la Boulangerie réclamait la sévérité de ces réglements (2); à l'égard de la limitation, on n'a jamais établi par quels principes légaux elle pouvait être ordonnée... Pourquoi n'a-t-on pas réfuté, combattu, proposé, expliqué la limitation!...

J'ai eu l'honneur de vous dire, Messieurs les Boulangers, que si l'on *carottait* les boulangers à Bordeaux, on les *garrottait* à Madrid; M. Jaubert a eu la bonté de nous confirmer qu'on les *étranglait esquinancie :* un peu plus coulante que le collier de fer du *garrotte* qui vous étouffe.

Les boulangers de Madrid, ruinés sous les alcades et les alguazils, s'adressèrent à Figaro, qui les rase tous!... Cher Figaro, vous rasez ou vous ne rasez pas!... vous faites payer suivant les coups de rasoir, l'eau de la cruche, de lavande ou de Cologne; raseriez-vous même un inquisiteur, vous lui laisseriez

(1) *Echo de la Boulangerie*, 2 juin 1844, programme.
(2) *Echo de la Boulangerie*.

la moitié de la barbe à faire s'il vous taxait!.... Et nous, pauvres boulangers, nous ne pouvons pas laisser une Excellence mourir de faim!.... nous devons crever auparavant et nous priver de notre pain!....

Figaro, être essentiellement automatique, déclara qu'il était juste, qu'il n'était pas juste, parla, réclama, supplia, dénonça, exigea, foudroya,.... donna la diarrhée à tous les Baziles; mais Figaro, toujours Figaro, caressa le comte Almaviva, caressa l'aimable Rosine!.... et, dans un boléro andalous, soupira, *pour lui*, sa complainte pour la Boulangerie, et le *Diario* reproduisit l'épitaphe ministérielle!

> *Altessimo*, par ta puissance
> Daigne terminer sa souffrance,
> Et donne au pauvre boulanger
> De quoi manger,
> De quoi manger!...
> Pour en garder la souvenance,
> M'honorer de ton assistance,
> Oui, prendre à l'humble Figaro
> De son journal un numéro!...
> De son journal un numéro!...
>
> Figaro, je te remercie;
> Retourne à Séville, à Murcie :
> Il est des vieux et des nouveaux
> Trop de journaux,
> Trop de journaux!...
> *Des benêts je te les désire...*
> Des abonnés je voulais dire;
> Aux boulangers!... pour m'abonner!...
> Oui, je n'ai rien à te donner!...
> Oui, je n'ai rien à te donner!... (1)

Messieurs les Boulangers, êtes-vous satisfaits de votre misère, on l'augmentera!.... voulez-vous des intrigants, il en naîtra!.... Tout est calculé pour notre ruine : division, chartre privée, intimidation, crainte, oppression, mépris!

M. le Préfet, qui reconnaît les syndics des agents de change, des marais, des assureurs, des courtiers, les délégués du commerce, de l'industrie, des ports, des chemins de fer, ne recon

(1) Réponse officielle.

naît pas les syndics, les délégués de la Boulangerie. Pauvres boulangers !..... (1)

M. l'Adjoint de maire Valentin Dufourq, qui reconnaît les boulangers dans le droit commun pour leur vendre ses farines eô 2me qualité au plus haut prix qu'il le veut (2), les rejette hors du droit commun (3) pour leur faire vendre la farine manipulée au plus bas prix qu'il le peut !.... Ce cher Valentin, qui se pâmait au seul nom de *calabozo* (4), lorsque nous traduisions *Bororquia*, et qui veut nous *calabozer* !.... Pauvres boulangers !....

M. le Ministre de l'industrie, dans sa réponse aux sages et éclairées observations de M. Jaubert sur la nécessité de l'organisation et la limitation de la Boulangerie, n'a répondu qu'en tronquant la loi !....

« *Les lois fondamentales des 2-17 mars 1791 ont reconnu à tout citoyen le droit d'exercer son industrie dans toute l'étendue de la France.* » (L. Cunin-Gridaine, 14 août 1843.)

Si M. Jaubert avait réclamé de M. le Ministre la liberté de l'industrie, la liberté d'être boulanger à Paris, d'être courtier, notaire, imprimeur, apothicaire, M. le Ministre eût trouvé une autre petite loi de 1791 :

« *Il sera libre à toute personne d'exercer telle profession qu'elle trouvera bon, en se conformant aux réglements de police faits et à faire.* » (Loi 2-17 mars 1791.)

M. le Ministre de l'industrie n'a supprimé *que les réglements faits et à faire* !... Pour être apothicaire il faut être bachelier ; un apothicaire aurait-il *intromissionné* tout un clystère, qu'il peut le retirer ou en exiger le prix qu'il veut : serait-il digéré, le boulanger a son pain taxé avant d'être cuit !....

Un ministre tronquer la loi !.... Pauvres boulangers !....

Remarquez, Messieurs les Boulangers, la réponse de M. l'Adjoint de maire Curé aux observations de M. le Conseiller municipal Du Périer *sur le refus de la limitation, et tendant à préciser*

---

(1) Lettre de M. le Préfet, 24 juillet 1843.
(2) *Echo de la Boulangerie*, 2 février 1845. — Labat jeune, p. 11.
(3) Val. Dufourq, conseiller municipal, 20 janvier 1844.
(4) Cachot.

*si l'administration usait toujours des droits de discipline admi-
nistrative sur la Boulangerie qui lui sont donnés par la législation ; et la demande de soumettre la question au comité de ju-
risprudence de la ville.* M. l'Adjoint de maire Curé a répondu :

« *L'administration municipale a tenté plusieurs fois d'appli-*
» *quer les dispositions du décret de 1812, mais l'administration*
» *supérieure n'a pas sanctionné les mesures prises* (1). »

Vous le reconnaissez , Messieurs les Boulangers ; si M. l'Adjoint
de maire Curé *ne consfisque pas notre pain, notre farine, ne nous
interdit pas, ne nous emprisonne pas, ne nous ruine pas,* ce n'est
point parce que la loi *l'ordonne,* ou *ne l'ordonne pas* ; c'est parce
que M. l'Adjoint de maire Curé ne *le peut pas* !....

> Pardonnez, mon petit Jésus ;
> J'ai péché, je ne le peux plus !....

Si j'avais eu le droit de répondre à M. le Conseiller municipal
Du Périer , je lui eusse dit :

Noble édile de la cité, n'eût-il pas été plus régulier d'examiner, avant l'*ex voto* du conseil municipal, si les taxes, les approvisionnements, la limitation, résultaient de nos lois ?....

Noble et digne descendant de très haut Germain Du Périer,
procureur, par ses délégués, de très haut, très puissant sire
Henri II, contre les *mutins, manants, déplaisants et bourgeois
bourdelais* qui, pour s'être opposés à la gabelle, furent condam-
nés à déterrer *avec leurs ongles* le corps de très noble seigneur
Tristan de Monneins ; traités avec barbarie, privés des cloches
de la ville, de leurs priviléges et franchises municipales !....

Noble et digne Du Périer ! Henri II , qui faisait percer la langue aux blasphémateurs, la gabelle, sont passés !....

Noble et digne conseiller de la cité, j'en appelle aux lois, à vos
serments !.... Je le redis : *les farines, le pain sont la propriété
de la Boulangerie ; par les taxes on a violé la propriété* !... Voilà
ma langue, percez-la !....

Don Pedro attendit *don Juan* jusque dans l'enfer !....

Noble et digne Du Périer, ne pensez pas que je croie les lois

(1) Conseil municipal, 22 décembre 1844.

arrachées à la puissance, comme les démagogues jettent aux peuples une tête de roi!.... C'est du Mont-Sinaï à vos serments que j'ai cherché, trouvé la loi qui soumet tout à la puissance, et je n'invoque, je ne lui oppose que ses volontés!.... « *Vous ne dé-* « *sirerez point la femme de votre prochain, ni sa maison, ni son* » *serviteur, ni sa servante, ni son bœuf, ni son âne, ni rien de* » *ce qui lui appartient.* » — Deut., 5, 15. IXᵉ command. : loi de Dieu!

« *Toutes les propriétés sont inviolables.* » — État constitutif, 8 : lois des hommes!

Je ne m'indigne que de l'injustice. L'apologue des Membres et de l'Estomac n'eut d'autre origine que la violence infâme de Papirius; alors Agrippa ne tendit la main au peuple romain, le peuple romain ne l'accepta qu'avec sa défense par les tribuns!..... La révolution de 1830 n'eut d'autre cause que la violation des droits publics!.... La ruine de la Boulangerie n'a eu d'autre cause que l'arbitraire!....

Si les Utopiens, les Saint-Simoniens, les Fouriéristes, n'ont pu résoudre l'organisation publique, c'est que l'organisation publique ne peut résulter que de la loi; mais chez les Utopiens, dès que l'homme ne peut plus partager les jouissances sociales, ses frères l'aident à retrouver la fin des peines et des douleurs!.... Nous, malheureux boulangers, on nous traque par la misère, on nous jette en dehors des lois; — et comme il faut que le boulanger fasse vivre, lorsque nous ne pouvons plus nourrir la famille, lorsque l'on a dévoré l'existence, l'avenir de nos fils, on nous punit de ce que les dieux s'en sont nourris; nouveaux Tantales, on nous réserve l'affreux cercueil où se désespère la vie, où ne veut pas rester la mort!.... on nous réserve un cabanon pour se hâter de nous donner aux vers en pâture!.... (1)

Messieurs les Boulangers, on sourit à la barbarie des siècles, parce qu'on méconnaît les difficultés de l'organisation sociale, et on ne retrouve que les statuts du moyen-âge dans les réglements des siècles de la philosophie. Le décret de 1812, organique de la

(1) Condamnations illégales Coutoula, Itey

Boulangerie, est la traduction libre des statuts de 1491, 1570, 1776 ; on retrouve dans tous, puissance, justice, protection, obligation ; des faussaires seuls ont pu en torturer l'interprétation.

« *Acen ordonnat et establit que aucun nou pourra uzar dassi* » *en auant, en ladicte ciutat, deu mestey deu boulajeys, sinon* » *que sye homme de bona fama et renom, honnesta conversation,* » *que sia net de son corps, non sia ladre et galet.* » (Statuts 1491.)

« *Estat ordonnat que non sien tant auzat ni hardit encarir* » *lou dit mestey, ni far aucun manipoly au préjudice deu rey* » *nostre syre, ni de la causa publiqua et de no usar deu dit mestey* » *de boulajeys, à peine d'estre pugnits de la justice de la ciutat.*» (Statuts 1491.)

« *Aucun ne peut être reçu boulanger que par lesdits seigneurs,* » *soubs-maires et jurats, qu'il soit homme de bien, de bonne vie* » *et honneste conversation, non taché de maladie contagieuse.* » (1570.)

« *A l'avenir, nul ne pourra exercer la profession de boulan-* » *ger sans une permission spéciale du maire, et elle ne sera ac-* » *cordée qu'à ceux qui seront de bonne vie et mœurs.* » (Décret 1812, art. 1er.)

Espérons, Messieurs les Boulangers ; l'heure du juste arrive toujours ; il faut très peu pour changer les cœurs. Je me rappelle que le bon curé de *Pancorbo*, prônant sur la charité, ne pouvait obtenir un *cuarto*, et de jeunes coqs obtinrent l'aumône pour lui.

> *Hermanos*, que Dieu vous pardonne,
> Disait le bon curé ; donnez, faites l'aumône ;
> Et le bonheur du ciel, aux âmes d'ici-bas,
> N'appartiendra jamais à qui ne donne pas !...
> *Vous êtes trop bornés*, mes frères, pour comprendre
> Que Dieu centuple un grain, qui pour Dieu sait l'attendre !
> Par *Barthome*, donnez ?.... Personne ne donnait
> Au plat du sacristain qui pour l'œuvre quêtait ;
> *Almas, almas, almas!* Ah! pour les pauvres âmes !...
> *A malo libera*, de l'enfer, de ses flammes.
> Alors, *una rieja* remit au sacristain
> Deux jeunes petits coqs sur le plateau d'étain ;
> Et de l'aigre discord du chantre de la Gaule.

Du plat du sacristain montant sur son épaule,
    Almas! almas! coqueriquaient!.....
Sacristain, Castillans, la langue se piquaient
    Pour ne pas s'étouffer de rire ;
Les Français souriaient, Vérité doit tout dire :
    Mais Dieu, ce jour, leur pardonna :
Français et Castillan, Maure, Africain donna!.....
J'ai vu de désespoir et mourir de misère
Tant de damnés mitrons réprouvés sur la terre,
Que les adjoints devraient, il n'est jamais trop tard,
Pour les bons trépassés nous donner un *coquard!*.....

La question de la Boulangerie n'a pas été comprise ; c'est la question de l'industrie, du commerce, de l'agriculture, de la socialité, une question d'Etat ; elle comprend la question d'économie publique et la question d'économie politique ; question dont la solution est plus que jamais nécessaire, alors que le génie de l'industrie renverse toutes les conditions sociales et toutes les combinaisons de l'Etat..... Il ne faut pas de science pour ruiner l'industrie, le commerce, l'agriculture, la famille ; des révoltés sauraient tout usurper, tout détruire, tout envahir!.....

Dans ses rapports avec l'économie publique et l'économie politique, la question de la Boulangerie comprend :

    Ruine :
    Organisation ;
    Légalité.

Ruine.

On doit s'étonner que MM. les Boulangers réclament contre la ruine de leur industrie, lorsqu'il est toujours des boulangers qui vendent au-dessous des taxes ; lorsque, loin de repousser les taxes, ils les réclament. Les taxes pour les boulangers sont comme les écumeurs de mer pour le commerce, qui les préfère aux pirates : les boulangers préfèrent les taxes que l'on n'ose pas descendre au-dessous des éventualités et des variations des prix des marchandises, au débordement de la concurrence qui veut donner et ne vend pas, qui ne se retrouve pas sur le pain de poids *égal du soleil,* mais sur le pain de poids *de la lune.*

On doit s'étonner que MM. les Boulangers, qui se plaignent de ce qu'on leur ravit tout, offrent, non ce qu'on leur demande, ce qu'on exige; mais, comme les dissipateurs, les approvisionnements qui ne leur appartiennent pas!....

La cause de la ruine de la Boulangerie est même ignorée des boulangers; M. Labat jeune, adjoint de maire de Caudéran, MM. les Syndics *renforcés* se sont trompés en rapportant la cause au monopole que voulaient exercer MM. les Fabricants de notre ville sur l'unité des achats aux produits de leur fabrication, afin d'amener à leur gré, par les cotes des mercuriales, l'élévation du prix des taxations. Cette combinaison a dû avoir sans doute une influence déplorable sur la situation de la Boulangerie de Bordeaux, mais les effets ne pouvaient atteindre toute la Boulangerie de France.

La ruine de la Boulangerie par toutes les grandes villes de France, excepté Paris où l'État protége la Boulangerie, provient de la proposition irréfléchie de quelques boulangers de Bordeaux qui, en 1825, voulurent se donner le monopole exclusif de la Boulangerie par l'augmentation des approvisionnements de réserves et la réduction du nombre des boulangers à cent; sans examiner la légalité de la proposition; si, avant de tout donner, tout accorder, il ne fallait pas tout refuser pour obtenir.

Proposition qui suggéra à M. le Ministre de l'intérieur de présenter aux conseils municipaux, *si, en se bornant à favoriser autant que possible la libre concurrence et l'accroissement du nombre des boulangers, l'action de ces mesures ne suffirait pas pour se dispenser d'établir, à l'égard des approvisionnements, une augmentation de quotité qui pourrait gêner cette industrie.* (Dépêche ministérielle, 11 février 1825.)

Aucun doute ne peut être élevé sur les instructions de M. le Ministre : *favoriser la libre concurrence, l'accroissement du nombre des boulangers, et exiger la continuité des anciens approvisionnements;* voilà l'innovation, le *laissez-aller*, le *laissez-faire*, cause de la ruine de la Boulangerie. M. le Ministre commit la même erreur de MM. les Boulangers; il n'examina point si la continuité de l'exigence des approvisionnements, si les taxes étaient légales ; si le *laissez-aller*, le *laissez-faire* ne priverait pas la Boulangerie de la distribution indispensable aux frais de fabrication ; si la Boulangerie des cités, concurrencée par la Boulangerie urbaine et foraine, et ruinée, ne reconnaîtrait pas que les approvisionnements, les taxes ne pouvaient être exigés, et par sa volonté priver, au même instant, toutes les grandes populations, et de leurs réserves et du pain.

Voilà la cause de la ruine de le Boulangerie, cette hermaphrodite anarchie du despotisme et de la licence, ces comparses du favoritisme qui enfantèrent la Boulangerie *céridique* ou *réricle* dont l'Esculape de la mort donnait le prix de la dose au rabais de 1 c. 1[4 ou 0,0125, suivant arrêtés ou système légal, certain que ses pratiques qui n'en usaient plus ne le ruineraient pas, mais que l'abaissement ruinerait la Boulangerie, et pour nourrisson lui laisserait le monopole.

Ruine qui n'est même pas contestée par l'administration ; que M. Labat jeune, dans son rapport à MM. les Députés, approuvé par MM. les Syndics *renforcés*, a reconnue par un bénéfice de 27 c. 5[0 sur 205 kil. de pain cô et bis ; que, dans mon rapport à M. le Ministre de l'industrie, j'ai reconnue par un bénéfice de 025 c. sur 157 kil. pain cô ; résultats mathématiques qui, ajoutés aux réclamations de MM. les Boulangers de France, à la perte du crédit, aux désatres des maisons de commission, prouvent la ruine de la Boulangerie !

Organisation.

L'organisation comprend l'économie publique, science des Beccaria, Smith, J.-B. Say, Rossi, etc., relative aux ressources nationales, à la répartition, distribution, consommation, manutention des produits dans les rapports sociaux, industriels, commerciaux, des pourvoyances, de l'hygiène, l'abondance et cherté...

M. Jaubert a parfaitement démontré à M. le Ministre de l'industrie, par sa précieuse et sage expérience, la nécessité publique et d'organisation de la Boulangerie, l'utilité des taxes, des approvisionnements, de la limitation ; le danger de la mauvaise qualité des grains. Oui, dans les années pluvieuses, comme en 1816, les grains sont chargés d'ers, *cream, ervilia,* qui cause la paralysie, cause peut-être inconnue des épidémies et du choléra ; mais M. Jaubert n'a traité que de l'économie publique, il n'a pas examiné ses propositions dans leur corrélation avec la loi.

MM. les Membres de la Société de l'Ain, dans leur scientifique traité *des bases qui doivent servir à asseoir la taxe du pain,* en rapportant les études des grands économistes Malouin, Duhamel, Parmentier, de Chabrol, de Chaptal, de Dombasle, ont expérimenté sur les rendements des blés en farines, des farines en pâtes, des pâtes en pain ; ont réglé les taxations proportionnelles à accorder à la Boulangerie. MM. les Membres de la Société royale de l'Ain ont reconnu qu'ils n'étaient pas législateurs, qu'ils n'étaient que des savants économistes ; aussi n'ont-ils pas traité de la loi et ont-ils déclaré :

« Dans ce sujet d'économie publique, dans lequel l'applica-
» tion des données à la pratique ne laisse pas que de présenter des
» difficultés, nous avons voulu plutôt indiquer des limites que
» provoquer une réforme fondamentale qui ne pourrait avoir lieu
» que par degrés, bien *doucement* ménagés. » (Rapport de la Société royale de l'Ain, p. 40, 1843).

MM. les Membres de la Société de l'Ain ont traité des bases de la taxe du pain dans l'intérêt des populations pauvres ; mais, dans leur philanthropique paupérisme, ils n'ont pas remarqué qu'en voulant aider aux pauvres, ils aidaient aux riches, et faisaient des pauvres des boulangers !....

MM. les Membres de la Société de l'Ain n'ont point examiné en vertu de quel droit on pouvait priver les boulangers de leur patrimoine, des jouissances publiques et de la famille, les réduire à se nourrir de *Sauterelles.*

Par la même puissance qui pourrait réduire les boulangers à se nourrir de *Sauterelles,* on pourrait, par l'augmentation des taxes, dépasser tous les calculs de MM. les Membres de la Société de l'Ain, accorder des Dindes aux boulangers, et on a préféré les prendre pour des *Dindons.*

MM. les Membres de la Société de l'Ain pouvaient obtenir les taxations proportionnelles encore plus réduites; ils n'avaient, dans l'intérêt des populations, qu'à taxer leurs grains, leurs farines, les donner pour rien; ils ont préféré donner le pain des boulangers par générosité économique.

M. l'Adjoint de maire de Caudéran, Labat jeune, MM. les Syndics *renforcés* ont également traité de l'économie publique, et, *par protection*, *par humanité*, ont conçu de doubler les approvisionnements..... Qui les gêne? ne peuvent-ils les quintupler? L'administration municipale acceptera tout ce qu'ils voudront donner. Mais ces modernes économistes, en donnant, voulaient recevoir; qui le croirait, alors qu'ils ont voulu me ravir la délégation parce que *je voulais recevoir pour donner !*.... MM. les Syndics ne voulaient que l'augmentation des taxations (1), la suppression des pauvres boulangers; mais on n'a pas voulu les leur accorder, et, dans leur *protection et leur humanité*, sur ce refus, ils n'ont rien donné : moyen très facile d'organiser.

Évidemment, M. l'Adjoint de maire de Caudéran, MM. les Syndics *renforcés* ont voulu quelque chose pour eux ou pour autrui; ils n'ont pas voulu l'avouer; mais ils ont avoué les *approvisionnements, les taxes, la limitation!....*

Par les approvisionnements, les taxes, la limitation, on arrive à l'organisation de la Boulangerie; je suis d'accord avec MM. les Syndics, je ne diffère que par les principes.

Les approvisionnements assurent les pourvoyances, la sécurité publique : mais l'achat forcé des farines à prix élevés, le jour où le pain doit baisser ou ne doit pas augmenter de prix, et pour un temps illimité; la distribution des farines de la Boulangerie à la répartition publique, sont des charges onéreuses, la ruine de l'industrie.

Les taxes sont la protection contre la concurrence, le bénéfice public, l'aumône du pauvre; les taxes réduites *à minime* sont une niaiserie comme le glutage des sons des dames de la Joulais : les expériences de tous les économistes, des membres de la Société de l'Ain, de l'administration municipale de la ville de Bor-

____

(1) Rapport, Labat jeune, p. 7.

deaux en 1818, renouvelées avec les mêmes blés, les mêmes farines, les mêmes qualités, la même eau, les mêmes moyens, eussent donné chaque fois des résultats différents; les causes physiques qui produisent les proportions différentielles des rendements sont inconnues; *la science publique est de répandre les moyens de payer partout où sont les besoins de consommer.* (Économie, L. 32.)

Les taxes *à minime* sont la ruine de l'industrie, la dépréciation des produits de l'agriculture, car l'Etat peut jeter sur les marchés tous les grains des greniers publics pour en faire baisser les prix; l'éloignement des capitaux du commerce, la ruine du crédit, la disette des malheureux.

La limitation est l'organisation de l'Etat par la puissance, par les sacrifices relatifs; l'Etat exige, accorde, donne, reçoit, permet, refuse; régulateur de tous les intérêts, l'Etat est l'Etat.

Mais cette organisation publique ne peut devenir organisation politique que par la loi. M. l'Adjoint de maire de Caudéran s'en est préoccupé sur mes observations; il a voulu s'étayer du décret de 1812 : si M. l'Adjoint de maire de Caudéran avait compris que, sous l'arc-en-ciel de son écharpe tricolore, il n'était pas une bobine écossaise, qu'il était revêtu du prisme de la puissance (1), il aurait reconnu que, si le décret de 1812 avait été la loi, *l'administration municipale n'avait pas besoin de son état* pour approvisionner, taxer, limiter; bien que la question d'économie publique soit préliminaire, elle est subsidiaire à la question d'économie politique, à la sanction de la loi!.....

Mais, pour arriver à toutes ces constitutions politiques, quels sont les moyens, l'ordre, les réserves, l'accord, les projets? Il n'en est pas; il n'est que désordre, anarchie, égoïsme, perturbation, rivalité.

Si la Boulangerie donna en 1816 pour 800,000 fr. de pain à la cité de Bordeaux, c'est que les ressources, ordre, protection, crédit, existaient. La Boulangerie doit avoir toujours un million de pain à donner à l'Etat, et tous les pauvres avoir leur pain.

_____

(1) Etat constitutif, 57.

Par la réduction des taxes, ils ne l'ont plus; qui le leur rendra?..... La loi!.....

Cependant nous devons à **MM.** les économistes, moralistes, réformistes, toutes les améliorations sociales; ils ne prouvent pas par le canon, mais par le génie; ils enseignent aux Patagons, Otaïtiens, Iroquois, Lapons, à tous les peuples la science de se procurer les biens qu'ils désirent, d'arriver à la félicité. Un de nos aimables Saint-Simoniens, qui se fit Turc, aujourd'hui philosophe, prouva par le *Coran* et le Chambertin, aux musulmans arriérés, les rotations des orbes célestes (1) :

Par Mahomet, Ali, dans sa sainte ferveur,
Nous prohibe du vin la mortelle saveur!
Buvez, fils du Croissant; buvez l'eau la plus pure :
C'est un des éléments qui forment la nature!....
Vinum est venenum, le vin est un venin,
Trouble notre cerveau, corrode un être humain;
Rien n'est pur comme l'eau; sa fraîcheur naturelle
Redonne à tous nos sens une force nouvelle!....
Je bois!.... buvez?.... Le vin chauffe, anime le cœur;
Le venin du serpent calme aussi la douleur!....
Je bois!.... Ah! je sens fuir de mon âme affaiblie
Le dernier sentiment qui retient à la vie!....
Je bois!.... buvez, Croyants!.... Ali vous le permet!...
Buvez avec sagesse, au plaisir, à la gloire;
Les Houris, dans le ciel, boivent à sa mémoire;
L'élu du paradis boit avec Mahomet!.....
Du vin, fils du Croissant, l'origine est sacrée :
Le vin fut du nectar l'ambroisie dorée
Que prodiguait Hébé dans les festins joyeux,
Pour assoupir Vulcain, livrer Vénus aux dieux!....
Buvons..... de l'Hélicon pratiquons la morale :
Sur son âne monté, Sylène, en ses vieux ans,
Enivrait la bacchante, enflammait les amants.
Vive Bacchus!.... le vin!.... vive la bacchanale!...
Déjà les vrais croyants, au fumet Chambertin,
Du puissant Islamisme effaçait le destin,
Et, roulant sous les bancs, disciples réformistes,
Des nouveaux *Kopernies* avaient triplé la liste;
Et les fous que *Simon* et le vin dominaient,
Juraient, tourbillonnant, que les mondes tournaient!....

(1) Kopernic.

Légalité.

Et les morts qui sont-ils. . . . . . .
Le flot mouvant du peuple a d'abord immolé
Ceux qui l'ont défendu, ceux qui l'ont consolé ;

. . . .
Qui de la vanité sont les tristes otages,
Et dont la gloire pèse au vulgaire irrité,
Despote qui pour sceptre a pris l'égalité !....

(Thémis, H. FONFRÈDE,)

Dans son numéro de ce jour, 1er mars, **M.** le Rédacteur de l'*Echo de la Boulangerie* nous fait connaître la seconde réponse de **M.** le Ministre de l'industrie à la demande de l'honorable **M.** Jaubert, qui réclame une loi d'organisation ayant pour base la limitation du nombre des boulangers.

Lorsque **M.** Jaubert me fit l'honneur de me communiquer son mémoire, je lui dis que ses pensées ressortaient parfaitement de l'organisation publique, mais que son mémoire était un cadavre, qu'il lui manquait la vie.... la loi !

M. le Ministre de l'industrie l'a compris, il ne répond que par les lois à **M.** Jaubert : « *Les lois actuellement en vigueur s'oppo-* » *sent aux conditions exceptionnelles proposées pour la profes-* » *sion de boulanger, et les lois suffisent pour obtenir, dans l'in-* » *térêt de tous, les garanties d'ordre public que comporte ce* » *commerce.* »

M. le Rédacteur de l'*Echo de la Boulangerie* oppose : « Que » **M.** le Ministre de l'industrie n'a pas étudié la question ; que la » limitation n'est qu'une condition exceptionnelle déjà établie » pour les notaires, avoués, etc. ; exception en vertu du principe » consacré par la Charte, qui reconnaît que tous les Français sont » égaux devant la loi, *égalité* qui n'a jamais été mieux observée ; » et l'application de ce principe à la Boulangerie serait la limi- » tation en échange des taxes imposées à cette profession, me- » sure d'ordre et de conservation publique ;

» Que la liberté, ce mot si magique, ne pouvait s'exercer ni » en politique, ni en industrie ; que la liberté sans les lois n'é- » tait que la licence ;

» Que par les lois des 17 mars, 19 juillet 1791, la profession
» de boulanger était soumise à une taxe basée sur le chiffre de
» bénéfice que peut procurer cette industrie; que si, parce que
» le législateur de 1791 n'a pas écrit *limitation* à côté du mot
» *taxe*, on ne doit pas limiter; que les lois en vigueur ne s'oppo-
» sent pas aux conditions exceptionnelles de la limitation, me-
» sure qui n'est autre chose que le principe de *l'égalité* devant
» la loi; et que les boulangers de la capitale, en vertu du décret
» de 1810, jouissent de cette condition exceptionnelle. »

La réponse de M. le Ministre ne répond à rien; toutes les objections de M. le Rédacteur de *l'Echo de la Boulangerie* sont er-
ronées.

M. le Ministre ne dit pas quelles sont les lois qui s'opposent
à l'organisation de la Boulangerie; quelles sont les lois qui suffisent à l'intérêt de tous, à l'intérêt de la Boulangerie; M. le Ministre indique généralement les lois sans en citer aucune; et lorsqu'on lui prouve par les lois *que le pain, les farines sont la propriété de la Boulangerie*, M. le Ministre ne répond pas!

Si les lois s'opposent à l'organisation de la Boulangerie, que
l'Etat soit impuissant à la secourir, que les lois ordonnent les
taxes, l'Etat est eunuque pour l'industrie; et la Boulangerie doit
subir sa condition malheureuse et sa ruine.

Si *l'égalité devant la loi* est *l'égalité de droit*, et que les boulangers puissent exiger la limitation parce que les notaires sont
limités et que l'Etat ne puisse le refuser, alors toutes les industries peuvent réclamer la limitation, et le libre arbitre de l'industrie, proclamé par M. le Ministre comme résultant de la loi du 17
mars 1791, est détruit; mais par la même *égalité devant la loi*
tout citoyen peut exiger de faire partie de l'industrie limitée, et
comment par *l'égalité* refuser à *Pierre* ce que l'on accorde à
Jean? et par cette égalité la limitation ne s'arrêterait que par
l'absence des égaux en droits, ce qui reproduirait la liberté. Par
l'égalité tout citoyen a le droit de réclamer d'être notaire, comme
le sont tous les notaires; *l'égalité, œqualitas*, c'est la parité, le
niveau.

Encore, parce qu'il n'y aura que quarante notaires, n'y aurat-il que quarante boulangers égaux en droits? L'*égalité* ne décrète pas la limitation, le nombre; et quelle est la loi qui la détermine? Il n'en est pas, cette loi est du domaine de la Puissance.

La liberté c'est l'arbitre, le droit naturel, que la nature a inspiré à tous les animaux. *Jus naturale est quod natura omnia animalia docuit.*

Mais la liberté publique c'est le droit public qui regarde directement l'intérêt de l'Etat. *Publicum jus est, quod ad statum rei Romanæ spectat.*

La liberté finit où commencent les lois; et les lois ne sont appelées libertés publiques que comme résultant des volontés nationales, non d'une volonté absolue. Par l'*égalité* les soldats pourraient vouloir être maréchaux, les maréchaux dire la messe, les abbés monter à l'assaut. Les lois différentes qui établissent les droits particuliers ne sont pas des lois exceptionnelles, mais des lois particulières; l'exception en légalité, c'est le *foris*, l'exclusion : or, parce qu'on est soldat, évêque, médecin, et non adjoint de maire, on n'est pas hors la loi, exclu du droit, on est tout simplement soumis à la loi.

Donc, pour ne pas perdre la liberté, nom donné par renversement aux libertés publiques, il faut bien préciser si la loi est la loi.

Si la loi, non du 17 mars, mais du 19 juillet 1791, qui soumet les boulangers à la taxe sur le pain, est la loi, il faut la subir, ou réclamer sa modification ; si c'est la loi, on doit taxer, c'est le droit; si c'est la loi, jamais il ne sera rien accordé à la Boulangerie; l'Etat veut du pain pour rien, il le prendra.

Loi du 19-22 juillet 1791. — Art. 30. « La taxe des subsistan-
» ces ne pourra *provisoirement avoir lieu* dans aucune commune
» du royaume que sur le pain et la viande de boucherie, sans qu'il
» soit permis de l'étendre sur le vin et le blé, les autres grains,
» ni autres espèces de denrées, et ce, sous peine de destitution
» des officiers municipaux. »

Si c'est la loi, où est l'*égalité*, puisqu'on ne peut taxer le vin, le blé, les grains? Par la loi et l'*égalité*, les boulangers peuvent demander la taxe sur la viande de boucherie.

Mais la loi ne dit pas qu'on ne puisse *taxer les farines*; alors pourquoi par l'*égalité* ne pas les taxer?

Si la loi du 19 juillet 1791 avait été la loi, pourquoi les législateurs ont-ils indirectement introduit : *la taxe ne pourra provisoirement avoir lieu*; pourquoi ce provisoire, pourquoi n'avoir pas impérativement dit : *Le pain, la viande, seront taxés?* Parce que ce provisoire n'était que la suspension de la loi; *suspension de l'inviolabilité de la propriété*, exigée par les circonstances extrêmes, qui, pour sauver la loi, forçait à violer la loi; mais ce provisoire doit-il durer cinquante siècles, et n'est-il pas des lois qui abrogent cette loi. Voilà ce qu'il faut démontrer. Répéter toujours : Les lois s'opposent, les lois suffisent, les lois permettent, — ce n'est rien déterminer, c'est abuser si l'on ne déclare quelles sont ces lois.

C'est précisément parce que l'homme est faible qu'il faut des lois précises; M. le Rédacteur de l'*Echo de la Boulangerie*, qui conseille, vu l'oubli des législateurs de 1791, d'ajouter au mot *taxe* le mot *limitation*, et aux ministres de se faire les continuateurs de l'œuvre de 1789 pour réparer les erreurs de l'Assemblée constituante, aurait dû conseiller d'ajouter aux mots *taxe sur le pain*: *taxe sur la farine, taxe sur les deniers publics, taxe sur les deniers privés*; il serait arrivé au *maximum*, à l'*égalité*, à la *licence*, à l'*orgie*.

M. le Rédacteur de l'*Echo de la Boulangerie* méconnaît que rien ne peut être ajouté, retranché aux volontés des testateurs publics; que la loi est toujours la loi; que les ministres, les magistrats ne sont que les exécuteurs testamentaires des volontés législatives, jusqu'alors que les législateurs changent la loi; que s'il n'est plus de taxes, c'est que les lois ont été changées.

L'Assemblée constituante, le Consulat, l'Empire, la Charte, l'Etat constitutif de 1830, ont prescrit ce qu'ils ont prescrit, et la loi seule est la volonté de la loi.

Si la loi du 19 juillet 1791 avait été éternelle jusqu'à la réformation, pourquoi l'arrêté des consuls du 11 septembre 1801 ne prescrivait-il pas les taxes; pourquoi l'autorité a-t-elle toujours repoussé les réclamations de la Boulangerie pour la taxe du pain;

pourquoi la taxe n'a-t-elle été que provisoirement accordée et sur les prières de la Boulangerie, et comme *un sacrifice* pour célébrer l'avénement de Bonaparte à l'empire, taxe qui soumit les boulangers à une *taxe diminutive* de 5 fr. par 100 kil. (1); pourquoi, si la loi du 19 juillet 1791 établissait les taxes, et que ce *provisoire* fût la loi, pourquoi le décret du 22 décembre 1812 ajouta-t-il une loi des taxes à cette loi? c'est que la législation s'opposait aux lois des taxes et qu'il fallut pour les imposer le despotisme de l'Empire, dont l'unique volonté était la loi.

L'arrêté des consuls du 11 octobre 1801, qui ne permet d'exercer dans Paris la profession de boulanger sans une permission spéciale du préfet de police, était-il une violation de la liberté de l'industrie et de la loi de 1791, ou la confirmation de cette même loi qui ne permet le libre arbitre qu'à la condition de se conformer aux réglements de police faits et à faire? Cet arrêté des consuls de 1801 n'était pas plus la loi que la loi de 1791; toutes ces dispositions législatives violaient la constitution.

L'affranchissement du droit de patente aux boulangers de Paris par arrêté des consuls du 11 octobre 1801, l'ordonnance du roi, du 2 décembre 1814 qui supprimait cette franchise, sont-ils une violation ou un acte légal de la Puissance?

L'arrêté du 10 octobre 1801, l'ordonnance du 11 février 1815 sur la Boulangerie de Paris, ne fixent aucunement le nombre des boulangers; M. le Préfet de police peut le doubler, le réduire; mais cette spoliation publique, ce bon plaisir est-il la loi, et lorsque des boulangers auront sacrifié leur existence, leur patrimoine aux exigences publiques, M. le Préfet de police, après avoir enregistré, numéroté, visité, taxé, rançonné la Boulangerie comme une fille publique, l'enverra-t-il à Saint-Lazare?

Encore, par l'*égalité*, tous les boulangers de France *égaux en droits* pourraient vouloir être boulangers à Paris : pourquoi M. le Préfet de police ne surbaisse-t-il pas les taxes; pourquoi la Boulangerie de Paris, riche, opulente, ne se plaint-elle pas? Parce que l'État la protége, parce que les boulangers de

<hr>

(1) Lettre Chazelles, Bonnefont, syndics, 2 novembre 1804.

Paris sont des hommes qui connaissent leurs droits et ce qu'ils doivent à l'État; ils accordent tout, mais si on voulait les ruiner, il serait, le même jour, un million d'habitants sans pain, et les adjoints de maire se feraient véridiques ou *véricles* boulangers, ils donneraient aux bons Parisiens des pavés pour des topazes, des brioches pour du pain.

M. le Rédacteur de l'*Echo de la Boulangerie* accepte-t-il comme lois les réglements qui défendent aux boulangers de cesser de faire du pain, et qui les obligent à le donner à 5 c. le kilo lorsqu'il leur coûte 50 c., et sans indemnité?

M. le Rédacteur reconnaît-il comme loi l'obligation des approvisionnements sans indemnité? Pourquoi l'administration fait-elle toujours faire l'inventaire des farines si elle ne peut en exiger l'exécution? Veut-elle violenter la Boulangerie, la contraindre lorsqu'elle sera lasse de réclamations; ou se procurer des amendes illégales par le défaut d'appels? Espère-t-elle trouver des Cours royales à sa complaisante juridiction; obtenir une troisième fois, par la Cour de cassation, des conclusions contraires aux décisions de la Cour de cassation?

Eh bien! il est des boulangers malheureux qui, toujours craintifs de la police, complètent leurs approvisionnements avec des sacs de cendre et de son; sera-t-il vrai qu'on les contraindra aux approvisionnements sans indemnité?... Et il est un *Echo de la Boulangerie*, et il est des syndics, des magistrats, des ministres, des lois, une justice, une inviolabilité!... Aberration!... aberration!...

Je vous ai fait connaître les manœuvres employées pour mettre les boulangers hors la loi; cette humanité qui voulait rejeter de la Boulangerie les boulangers ruinés par leurs sacrifices; ces hommes toujours avides qui furent jusqu'à former deux syndicats (1), qui parlent de lois et qui ont voulu être syndics contre les lois (2); l'anti-*Sangrado* qui voulait ordonner le vin aux Escargots, ce Figaro qui toujours veut le bien d'autrui *pour*

(1) Arrêté, 7 janvier 1806.
(2) Janvier 1843.

lui! cet égoïsme qui n'est charitable que par bouffonnerie; ce *simonisme*, qui, par le *Chambertin*, prouve les lois par toutes les lois; tout ce qu'il y a de préoccupation dans l'invocation de *l'égalité*.

Si j'ai voulu l'organisation de la Boulangerie par les lois, c'est que les lois sont une des conditions de stabilité publique, c'est que j'ai voulu vous arracher à l'arbitraire, c'est que partout j'ai retrouvé des empiriques!...

> Un échevin de la Coq-der-Anie,
>   Assisté de ses grands cousins,
> De la commune eut la manie
> De séduire les argousins.
> Achetons-leur nos blés, notre farine,
> Je suis garant d'un favorable arrêt:
> Et les municipaux, pour boire la morphine,
>   Viendront trinquer au cabaret (1)!
>
> Philippe-Deux, ce fourbe politique,
>   A jointes mains priant le ciel,
> De son poignard teint du sang hérétique,
>   En souriant pointait Machiavel.
> D'Albe, dit-il, de ces Flamands rebelles,
> De d'Egmont, d'Horms, efface tous les noms;
> Mais le Diable, jaloux des forts, des citadelles,
>   D'Anvers, de Gand encloua les canons!... (2)
>
> Henri, bon roi, bon drille à la ripaille,
> Du nom royal voulant payer l'écot,
> Dit à Sully : Réprime la canaille,
> Aux braves gens donne la poule au pot?
> De nos syndics le zélé ministère,
> Au boulanger, lorsqu'il n'a plus de pain,
> A ses infirmités, accorde à sa misère
>   Un cachot pour calmer la faim!...
>
> Un capucin, prédicant du carème,
>   Sur des canons, à haute voix,
> S'écriait, dans son zèle extrème,
>   Je suis l'apôtre de la croix!.....
> Noble ennemi, devant sa foi sublime
> D'un Dieu puissant proclamant l'absolu,
> Je m'inclinai!.... mais j'accuse de crime
>   Qui trahit ce qu'il a voulu!... (3)

(1) Coq-der-Anie, 1242. (3) Siége de Saragosse
(2) Pays-Bas, 1554.

Pour défendre de nos familles
Le travail, les droits et mon bien,
Faut-il, sans changer mes guenilles,
Laisser percer ma rustre peau de chien?
Heureux bouviers, sous votre voix puissante
Oui, dans mes flancs portez votre aiguillon
Par intérêt une main caressante
Nourrit le bœuf au retour du sillon!

Par droit divin je suis mon maître;
Tour-à-tour sujet, potentat,
Je m'obéis, et mille fois fais paître,
Je m'appartiens avant d'être à l'Etat!
Mais aussitôt que la raison publique
Et les pouvoirs commandent par la loi,
Armé, j'accours : esclave politique,
Je suis à tous, je suis au Roi!

L'économie politique, comme droit, devrait être, non une question facile à résoudre, mais une question résolue : comment avoir l'espérance d'arriver à une solution, lorsque les juristes déclarent *que la législation par l'interprétation des principes contradictoires ressemble à la statue de Glaucus, que le temps, la mer, les orages avaient tellement défigurée qu'elle ressemblait moins à un dieu qu'à une bête féroce?* (1)

Comment pénétrer dans cette destruction, ce dédale, cet abîme, ne pas être dévoré? L'histoire est un hameçon d'or pour aller chercher dans les profondeurs du droit civil des trésors précieux et les ramener à la lumière (2). Par l'histoire, je retrouvai l'homme en société, l'animal politique, *animal politicum* (3); qu'il était des lois aux lois elles-mêmes, *leges legum sunt* (4); l'homme féroce, l'homme loup, *homo, homini lupus* (5); les préceptes du droit, *altere non ladere suum cuique tribuere* (6); par Montesquieu, que, sitôt que les hommes sont en société, l'état de guerre commence, et que cet état de guerre fait établir les lois (7)

(1) **J. B. J. Paillet**, *Droit français*, Introduction.
(2) Interprétation des lois, p. 32.
(3) Aristote.
(4) Bacon.
(5) Hobbes.
(6) Justinien.
(7) *Esprit des lois*, t. 1 p. 10.

Un de nos savants publicistes, homme d'Etat, a écrit :

« En donnant la Charte, le roi accepta la révolution ; ces mots
» sont *clairs et vrais*. La révolution a été une guerre, la vraie
» guerre, telle que le monde la connaît entre peuples étrangers ;
» depuis plus de treize siècles la France en contenait deux, un
» peuple vainqueur et un peuple vaincu ; depuis plus de treize
» siècles le peuple vaincu luttait pour secouer le joug du peu-
» ple vainqueur : notre histoire est l'histoire de notre lutte ; une
» bataille décisive a été livrée, elle s'appelle révolution.

» Français, Gaulois, seigneurs, paysans, nobles, roturiers,
» tous bien longtemps avant la révolution s'appelaient également
» Français, avaient également la France pour patrie.

» Mais le temps qui féconde toute chose ne détruit rien de ce
» qui est ; il faut que les germes, une fois disposés dans son sein,
» portent leur fruit. La lutte a continué dans tous les âges, sous
» toutes les formes, avec toutes les armes ; et lorsqu'en 1789 les
» députés de la France entière ont été réunis, les deux peuples
» se sont hâtés de reprendre leur vieille querelle, le jour de la
» vider était enfin venu.

» Le résultat de la révolution n'était pas douteux : l'ancien
» peuple vaincu était devenu le peuple vainqueur, à son tour il
» avait conquis la France : en 1814 il la possédait sans débat ; la
» Charte reconnut la *possession*, proclama que ce *fait était de*
» *droit*, et donna le gouvernement représentatif pour garantie. »
(Guizot, *Du gouvernement de la France*, 1820.)

Pour exprimer cette lutte de la possession par l'histoire,
j'écrivis :

« J'ai fouillé dans les sépulcres des nations, j'ai trouvé l'esprit
» de la loi, volonté des siècles passés, héritage des siècles fu-
» turs ; âme, esprit, liberté, qui voulut et qui veut, délaisse le ca-
» davre et subsiste après elle !....

» J'ai trouvé la trève de la guerre, la loi !.... le pacte du grand
» réformateur des liberté françaises, ces principes vénérés des
» siècles ; modification de la puissance qui résidait tout entière
» dans la personne des rois ; loi qui n'établit pas les monarchies
» pour les potentats, mais pour la conservation des sociétés ; qui

» ne donne pas le droit de mort, mais accorde le droit de grâce ;
» qui ne permet pas la confiscation, mais constitue l'inviolabi-
» lité ; qui ne donne pas l'indépendance, mais qui commande
» l'égale soumission aux lois !... » (*Rapport au ministre*, G. Ortet, 1843.)

Cette lutte existe toujours entre vainqueurs, entre vaincus ; entre vainqueurs, et je la soutiens pour la Boulangerie !...

Si je n'ai pas connu la révolution de 1789 ; M. Guizot, sans la prévoir, avait indiqué la révolution de 1830, et pour complé-ter ses pensées contre les vainqueurs, contre les vaincus, il leur a dit :

« *Le gouvernement de juillet, nu comme l'homme qui entre* » *dans le monde, a fait ce qu'il a fait de l'aveu du pays libre* » *et convaincu.* » (Guizot, Chambre des Députés, 2 mars 1843.)

Le pays libre et convaincu a voulu :

Etat constitutif réformé, 1830.

1° Les Français sont égaux devant la loi ;

8° Toutes les propriétés sont inviolables ;

9° L'Etat peut exiger le sacrifice d'une propriété pour cause d'intérêt public légalement constaté, mais avec une indemnité préalable ;

70° Toutes les lois, en ce qu'elles ont de contraire aux disposi-tions adoptées pour la réforme, sont dès à présent et demeurent annulées et abrogées. —

Vous vous tromperiez de penser que ces volontés d'Etat ont été arrachées par les peuples aux volontés des rois, que les peu-ples ont été contraints à les subir : ce furent les représentants de la nation qui proposèrent la constitution de 89 ; en 1814, ce fu-rent le prince de Talleyrand, le sénat conservateur, le prince de Bénévent, les comtes de Valence et de Pastoret, l'archi-chance-lier Lebrun, une commission d'Etat, qui proposa la constitution du 6 avril, que la Cour de cassation accueillit comme devant ré-parer tant de maux, sécher tant de larmes ; les avocats, comme la garantie de la liberté publique ; la Cour impériale, par son pré-sident Séguier, par son admiration pour les princes alliés qui

garantissaient de la maintenir; par les vœux des juges-de-paix,
notaires, avoués, huissiers, commissaires, agents, etc., à la déclaration de Saint-Ouen; par le message du corps législatif, qui
trouva dans la Charte constitutionnelle la garantie de tous les
droits; alors, comme en 1830, comme toujours, ce fut aux hommes d'Etat que nous avons dû le droit public (1).

Eh bien! ces lois si chèrement acquises, si hautement procla-
mées, si difficilement maintenues, sont-elles les lois? On dirait
que les hommes qui les ont faites, qui les ont accueillies, défen-
dues, jurées, n'en comprennent plus les hiéroglyphes, ne se sou-
viennent ni de ce qu'ils voulurent, ni de ce qu'elles devaient être,
ni de ce qu'elles sont; plutôt, qu'ils ne voulurent rien; et nous
sommes à nous demander toujours si ces lois sont bien les lois,
le droit? que peuvent exprimer ces volontés?

Que peut exprimer *l'égalité devant la loi?* est-ce le niveau de
l'égalité des droits qui ramène les peuples et les rois au néant?

Ou l'égalité devant la loi est-elle l'esclavage, l'obéissance, la
servitude *qui garantit la puissance du monarque et la liberté
des sujets, qui rend inviolables la personne de celui-là et les
droits de ceux-ci, dans le cercle que la loi a invariablement
tracé?* (2)

Qu'est-ce que *la propriété?* Sous Ephron, roi d'Arbé ou d'Hé-
bron, au pays de Chanaan, avant qu'il fût des lois, la propriété
était les fils, les serviteurs, les esclaves, les brebis, les cha-
meaux, les arbres, les champs; *leges legum sum*, il était des
lois aux lois elles-mêmes!

« Sara mourut, Abraham réclama des enfants de Heth: Etran-
» ger parmis vous, donnez-moi le *droit* de sépulture, accordez-
» moi la caverne double pour le prix qu'elle vaut. Je vous donne
» le champ de la caverne, dit Ephron; la terre vaut 400 sicles
» d'argent; enterrez-y celle qui vous est morte, et que le champ
» de Membré et les arbres vous appartiennent comme un bien
» propre à toujours. » (Genèse, chap. **XXIII.**)

(1) France chronologique, 1814. — Dupin, rapporteur : Charte 1830.
(2) De Jouy, t. 1, p. 97.

Sous Moïse, sous le législateur de Dieu, dont la voix retentit encore de Sinaï aux temples du Seigneur et de la justice, la propriété était la maison, la femme, le bœuf, l'âne, le bien d'autrui; la propriété, l'esclave, ne pouvaient se vendre à perpétuité. (Deut., 5, 15; Lévit, 25, 8.)

A Athènes, la propriété était la tyrannie, la *cryptie* contre l'ilote qu'on massacrait; à Rome, le citoyen qui s'appartenait contre l'esclave qui ne s'appartenait pas; chez les Francs, dans la Gaule, *dominium*, la puissance, le seigneur, le maître, qui possédait contre le serf qui ne pouvait posséder; sous la *Charta magna*, le cri de l'Angleterre est *Liberty and property*; en 1793 la propriété fut *ego sum*, je suis: l'avidité, la dévastation, l'assassinat, la soif du sang, le carnage, l'homme-loup, *homo, homini lupus!*... En France, sous la loi, la propriété est le droit!...

« *La propriété est le droit de disposer des choses de la ma-* » *nière la plus absolue, pourvu qu'on n'en fasse pas un usage* » *prohibé par les lois et les règlements.* » (Code civil, art. 544).

Telle est la loi qui détruit la loi: si le droit est absolu, les règlements peuvent-ils le restreindre, l'interprétation peut-elle faire modifier le droit?... Pour le fisc, la propriété est tout, l'air, la terre, le revenu, la maison, les souterrains, le rez-de-chaussée, les étages supérieurs.... Pour la commune, le rez-de-chaussée n'est plus la propriété; la commune ruine le rez-de-chaussée pour détruire le droit surtout. Les farines, le pain, sont la propriété de celui qui les possède au grenier, au moulin, au magasin, à la cuisine. Chez le boulanger, les farines, le pain ne sont plus la propriété de la Boulangerie. Par les règlements on ordonne au boulanger de le donner; on pourrait aller jusqu'à lui prohiber de le manger!.....

Plus j'ai de respect pour la loi, plus je dois en expliquer l'incertitude. Les dispositions de l'art. 544 du Code civil détruisent-elles le droit en le créant? Cette législation turque ou germaine n'est que la traduction de Puffendorff!....

« *La propriété est un droit en vertu duquel chacun peut dis-* » *poser à sa fantaisie de ce qui lui est propre, mais ce droit ci-*

» *il est restreint par la volonté du souverain.* » (Puffendorff,
t. 1, chap., 12, 2.)

Les législateurs ne pouvaient faire une loi de cette subtilité;
aussi l'ont-ils aussitôt détruite que créée.

« *Nul ne peut être contraint de céder sa propriété, si ce n'est*
» *pour cause d'utilité publique et moyennant une juste et préa-*
» *lable indemnité.* » (Code civil, 545.)

Se pourrait-il que sans utilité publique, sans préalable indemnité et par des réglements au-dessus de la loi , le boulanger fût
contraint de donner et son pain et sa farine, sans nécessité publique et sans indemnité ?....

« Le bien public n'est jamais que l'on prive un particulier de
» son bien ou même qu'on lui en retienne la moindre partie par
» une loi ou un réglement. Dans ce cas, il faut suivre à la rigueur
» la loi civile , qui est le *palladium* de la propriété. » (Montesquieu, *Esprit des Lois*, liv. XXVI, chap. XV.)

« Ce serait en vain que les lois consacreraient la propriété, s'il
» était au-dessus du gouvernement de réprimer le brigandage, *s'il*
» *l'exerçait lui-même*, si les subtilités de la chicane rendaient tout
» le monde incertain dans la possession. On ne peut dire que la
» propriété existe que là où elle existe non seulement de droit,
» mais de fait. » (J. B. Say. t. 1, p. 139.)

« La propriété n'est autre chose que le travail de l'homme réa-
» lisé, représenté par une figure matérielle, compacte. Or, comme
» le travail de l'homme est le résultat de l'emploi successif de
» toutes ses facultés intellectuelles et physiques, *altérer* ou *vio-*
» *ler* la propriété, c'est attaquer l'homme social au cœur, c'est le
» refouler dans la barbarie , c'est lui ôter à la fois le mobile et le
» but de l'association. Tout pays où l'indépendance, la sécurité
» absolue de la propriété n'est pas garantie, n'est pas entière-
» ment à l'abri de toute tentative d'usurpation, est un pays d'où le
» crédit, le commerce, le travail s'éloignent et qui doit tomber
» promptement dans la misère. Lorsque les peuples dépouillent
» les riches pour s'enrichir à leur place, ils se ruinent; le signe
» matériel de la fortune subsiste quelque temps encore, mais aus-
» sitôt que le rouage de l'activité sociale, basée sur la propriété,

» s'arrête, tout disparaît dans un gouffre d'anarchie et de désor-
» ganisation.

» Et il ne s'agit pas de *respecter un peu la propriété*, d'avoir
» quelques égards pour elle, de ne pas lui porter des coups trop
» multipliés, de ne pas lui faire de blessures trop profondes; il
» faut que la propriété comme *droit* soit complètement respec-
» tée et inviolable; si on l'entame si peu que ce soit, il n'y en a
» plus. Toute la propriété à la fois est atteinte par le coup qui
» n'en frappe qu'une partie. Il n'y a pas de juste milieu. » (H.
Fonfrède, t. 1, p. 15. 1844.)

Je ne connaissais pas l'interprétation de H. Fonfrède; mais,
procédant par les principes constitutifs, je me suis trouvé d'accord
de pensées; j'écrivis :

« *L'industrie, les farines, le pain, sont la propriété de la*
» *Boulangerie; soit proprietas, la chose appartenant au maître :*
» *soit dominium, le droit; le droit absolu du maître sur ce qui*
» *lui appartient en propre.* »

« *La Boulangerie, comme toute industrie, peut vendre, ne*
» *pas vendre du pain, demain à l'aurore laisser râler le peu-*
» *ple sous l'égoïsme de la loi; la Boulangerie ne doit rien aux*
» *pauvres, rien aux riches : c'est à l'autorité à pourvoir.* »
(Rapport au ministre, G. Ortet, 1843.)

Quelle que soit l'autorité de Montesquieu, J. B. Say, H. Fonfrède, ce n'est pas la loi; notre État constitutif ne définit pas la
propriété; le droit n'est point interprétatif, au contraire tout
est livré à l'interprétation. Si Bacon, dans sa mystique spiritua-
lité, a démontré qu'il était des lois aux lois elles-mêmes, également aux lois il est des lois; et que peut exprimer *l'inviolabi-*
lité? ce droit de l'État constitutif est-il abrogé par l'art. 454 du
code civil, ou les dispositions de l'art. 454 sont-elles l'abrogation
de la loi? Alors les publicistes, les législateurs sont des fous!
Ruinera-t-on la Boulangerie par le *bris* de l'*inviolabilité?* Ah! ne
le redoutez pas; par le *bris* de l'*inviolabilité* on briserait la royauté!

Encore, que peut exprimer le *sacrifice?* Est-il besoin de nécessité publique, d'indemnité, pour obliger par la loi les boulangers
à donner leur pain et leur farine, si par des règlements on peut

l'exiger sans nécessité publique et sans indemnité; et ce que l'Etat ne peut obtenir que par les lois, la commune l'obtiendrait-elle par la police?

Evidemment, le pain, les farines sont la propriété de la Boulangerie; telle est la loi!.....

Remarquez, Messieurs les Boulangers, la puissance que je vous accorde qui ne résulte que de la volonté de la Puissance. Vous pouvez de jour ou de nuit fabriquer ou ne pas fabriquer, fermer votre porte ou l'ouvrir, vendre ou ne pas vendre, donner votre pain, en vouloir 100 fr. du kil.; *réclamer dix millions d'indemnité à la commune pour la violation de la propriété par les taxes;* ou, à l'exemple du très honorable M. Duffour-Debarthe, les lui abandonner (1); enfin exercer librement votre industrie.

Appellerez-vous cela de la liberté!.... Précisément, et laissez aux fourbes de dénaturer les mots.... Il n'est point de liberté publique qui se traduise par la licence.... La révolution de juillet a tué l'anarchie par *l'ordre public* ou les lois!... Les libertés ne sont que les conditions relatives de la servitude, que je ne sais traduire que par *l'esclavage des lois!*..... Mais ces libertés que je vous accorde ne sont que les concessions de la Puissance, qui ne peut vous les ravir lorsque vous les possédez par le droit, mais qui a la puissance de les substituer par l'indemnité; et c'est par ce balancier de l'Etat que j'ai trouvé l'organisation de l'industrie. C'est parce que j'ai reconnu tout ce qu'il y a de grand, d'immensité dans la Puissance, que j'ai frappé avec modération, mais avec énergie, contre les hommes qui voulaient changer, amoindrir, fausser le pouvoir!.... c'est que la violation des lois conduit à l'anarchie!....

Remarquez l'attention des pouvoirs à ne pas violer l'action constitutive. M. le Maire de Bordeaux, par son arrêté du 28 septembre 1843, prononça une interdiction de huit jours contre le boulanger, etc., etc.; **MM.** les Syndics de 1843, *pour preuve de leur protestation à respecter les droits acquis, à ne pas dépouiller des hommes ayant droit à leur protection et à leur hu-*

1. Fin du litige des Quinconces

manité, procèdent-ils contre les boulangers malheureux pour arriver à l'exigence des approvisionnements, à la ruine de la petite boulangerie; le ministère public de la police substitue-t-il aux pénalités du décret de 1812 les pénalités de l'art. 471 du Code pénal? J'oppose et les tribunaux, et la cour de cassation; les ministres repoussent l'action judiciaire et administrative, annihilent les dispositions du décret de 1812; et pourquoi? parce que l'industrie, *le pain*, *les farines*, *sont la propriété de la Boulangerie*; et voilà l'abrogation !.....

Conséquemment, il résulte que l'industrie, le pain, les farines étant la propriété de la Boulangerie, l'industrie, les approvisionnements, les taxes ne peuvent être usurpés, envahis, mais peuvent être substitués par le sacrifice et l'indemnité, par l'action de la Puissance.

L'Etat, par le sacrifice pour cause d'utilité publique et l'indemnité, peut arriver à la suppression de l'industrie, établir des munitionnaires chargés des approvisionnements et acceptant les taxes consenties.

M. le ministre d'Etat Duchâtel, dans la grave question sur les sucres indigènes, qu'il a déclaré toucher aux plus hauts intérêts du pays, n'a agité que la question de la Boulangerie ou de l'industrie.

M. le ministre d'Etat Duchâtel n'a combattu les objections de l'honorable M. Passy que par les principes.

« Le projet du gouvernement blesse-t-il tous les principes;
» l'Etat a-t-il le droit de supprimer une industrie; y a-t-il atteinte à la liberté naturelle, au grand principe de la liberté de
» l'industrie; les principes doivent-ils dominer les faits; est-il
» permis devant un grand intérêt de prononcer une interdiction
» contre la fabrication du sucre indigène; peut-on évoquer les
» réglements qui dans un temps d'enfance arrêtaient le dévelo-
» pement industriel et commercial? nous sommes tous d'accord
» pour les condamner. Mais faut-il conclure de là que l'Etat ne
» devra jamais intervenir pour réglementer les grands intérêts
» commerciaux du pays; qu'il faut un système de liberté abso-
» lue, illimitée, un laissez-faire, un laissez-aller sans limite? Ce

» système n'irait à rien moins qu'à renverser tout le système sur
» lequel reposent l'industrie, le commerce en France. Si, parce
» qu'il y a eu des réglements absurdes, il ne faut admettre au-
» cun réglement sur le commerce, alors tout le système de douane
» qui régit en France le commerce, l'industrie, tombe de plein
» droit.

» La question se trouve réduite à ces termes : une interdiction
» peut-elle être prononcée si elle est commandée par l'intérêt
» général? et la question est résolue par l'affirmative.

» Le gouvernement juste et sage sacrifie un intérêt local à l'in-
» térêt général, aux plus grands intérêts du pays, mais en même
» temps ménagement, compensation, pour tous les intérêts pri-
» vés, seul fondement sur lequel puissent reposer la grandeur et
» la prospérité des Etats (1). »

Voilà la question de la Boulangerie : suppression par l'indemnité.

Relativement à l'utilité publique, rien n'est aussi aisément facile à établir pour des hommes aussi essentiellement pacifiques
que les boulangers. *Dormez? dormez? dormez?* Messieurs les
Boulangers ; et les ventres affamés proclameront la nécessité publique. A votre réveil, attaquez par la loi !

Mais l'Etat peut ne pas avoir la nécessité de supprimer la Boulangerie ; l'Etat peut n'avoir besoin que des approvisionnements
et de taxes, les consentir avec la Boulangerie; la Boulangerie les
consentir avec l'Etat, sous la condition que nul à l'avenir ne sera
boulanger sans une autorisation de l'Etat; et voilà la *limitation,
les approvisionnements et les taxes!*.....

Invoquera-t-on les principes de la liberté de l'industrie par
les lois fondamentales de 1791? Tout a été écrit dans l'*Avis au
peuple* sur le *laissez-faire* et le *laissez-aller*, sur les principes
d'ordre naturel, sur les pancartes féodales des priviléges, sur la
lie des siècles et les réglements funestes des règnes de Henri II,
Charles IX et Henri III.

(1) M. Duchâtel, Chambre des députés, 17 mai 1843.

Avant tout, il n'est pas de liberté de l'industrie, et l'Etat peut tout contre qui ne possède pas le droit.

La loi de 1791, invoquée comme principe de la liberté de l'industrie, est entièrement contraire à cette liberté, attendu que par l'obligation *des réglements faits et à faire* on peut arriver à l'interdiction. La loi de 1791 n'abolit que les priviléges féodaux, et, loin de détruire le pouvoir de l'Etat, elle le lui rend.

Encore que la loi de 1791 contiendrait le principe absolu de la liberté de l'industrie, la loi de 1791 comme toutes les lois sont abrogées dans ce qu'elles contiennent de contraire à notre état constitutif, et la loi de 1791 et tous les réglements sont annihilés devant l'inviolabilité de la possession. Par aucune loi il n'est reconnu de libre arbitre de l'industrie, qui serait l'abrogation du sacrifice que l'Etat peut ordonner; le *laissez-faire industriel* ruinerait l'Etat.

Le droit résulte du droit : que peuvent opposer les boulangers qui ne sont pas boulangers, qui ne possèdent pas le droit? *Opposeront-ils* qu'ils seront boulangers la veille du jour où les trompettes de l'Eternel annonceront le jugement dernier? Eh bien! alors qu'ils posséderont l'industrie, le pain, les farines, le droit *dominium*, ils opposeront.

Les acquéreurs des biens nationaux qui possédaient *proprietas*, la propriété, la chose, les châteaux, les terres, etc. ; les émigrés qui ne possédaient que *dominium*, la possession, le droit, se sont-ils reconnus possesseurs et dépossédés autrement que par l'indemnité? *Ceux* qui ne possédaient pas ont-ils élevé quelques réclamations?

L'Etat ne peut être impuissant à régir l'Etat; si l'Etat peut protéger l'industrie par la loi, par les prohibitions, la contribution, l'Etat peut ruiner l'industrie, tout atteindre par la contribution, et la loi qui frappe le sucre indigène n'est que l'effet de cette puissance.

Mais la loi meurt où meurt le droit, le droit n'existe pas où n'existe pas le droit; la loi n'atteint pas le fœtus, l'homme mort, l'homme qui s'impose les privations de l'existence; l'Etat peut tout contre qui ne possède pas le droit, peut vouloir ordonner que demain nul ne sera boulanger sans une autorisation de l'Etat.

L'Etat peut ordonner le sacrifice de l'industrie de la Boulangerie, la posséder par l'indemnité, obtenir des approvisionnements, des taxes consenties par la cession de la possession; mais l'Etat ne peut déposséder nul boulanger exerçant que par le sacrifice et l'indemnité.

Cette organisation publique, cette limitation ne sont pas les priviléges, ces puissances qui préférèrent s'engloutir que de céder à la Puissance; mais l'ordre social que l'Etat a la puissance de créer, de détruire suivant les nécessités publiques et les volontés de la loi!

Jusqu'alors l'industrie de la Boulangerie est libre, et les approvisionnements, les taxes sont autant de violations publiques!....

L'Etat a le besoin des taxes, des approvisionnements dans l'intérêt des populations de l'Etat et de la sécurité publique; la Boulangerie a le besoin de protection, d'organisation, de prospérité: établissons les compensations pour les sacrifices; redonnons aux pauvres l'aumône du riche dont on les prive; accordons aux nécessités publiques tout ce que nous pouvons leur accorder, ne nous réservons que l'humble patriarcat de la famille; recevons pour donner; établissons des taxes équitables. Les taxations *à minime* sont une exaction, une tyrannie, la ruine de l'industrie, du commerce, de l'agriculture; aux premiers cas extrèmes, la cause de la révolte, du renversement, du pillage, de la destruction, par le refus du pain que peut faire la Boulangerie; les constitutions sociales ne résultent que de l'ordre, des réserves, de l'unité. Faibles par la division, forts par notre accord, nous retrouverons l'action des lois, une équitable justice, une administration tutélaire, l'accomplissement des devoirs; riches des sacrifices publics, riches de nos privations, nous retrouverons par la protection le crédit, l'avenir, le pain de pourvoyance et la sécurité pour tous; mais ils se trompent, MM. les Boulangers qui croient obtenir ce contrat politique, ce bienfait public, ce pacte de famille, cette organisation sociale par la couardise...... Jamais!....

Faisons mieux que MM. les Boulangers de Strasbourg; à leurs justes réclamations MM. les Députés ont reconnu que les plain-

tes étaient justifiées par des faits graves, une position exceptionnelle d'ordre public pour la Boulangerie; et la gravité des
faits et les exceptions existent toujours!... Faisons mieux, prou-
vons le droit!.... et nous aurons la limitation!....

Qui que vous soyez, hommes énergiques et modérés, appelés
à la défense des intérêts de la Boulangerie, faites mieux que
moi? Vous reconnaîtrez que j'appartiens à l'Etat, à la famille,
que je veux la prospérité par la fixité des principes, par les sacrifices relatifs. J'ai payé par 20,000 fr. et vingt années de privations les sacrifices de 1816, parce que j'avais confiance dans la
protection de la Puissance. Vous reconnaîtrez que j'ai compris
tout ce qu'il fallait de prudence pour étudier une aussi grave
question, tout ce qu'il a fallu de respect pour ne rappeler que les
doutes sur la légalité, et non toutes les tyrannies, à l'apprécia-
tion de la haute justice du Roi; tout ce qu'il a fallu de modération et d'énergie pour lutter contre ces hommes qui nous ont
abandonnés, trahis, qui n'ont de courage que pour en appeler à
la socialité, et qui ne savent rien ordonner, rien constituer; tout
ce qu'il a fallu de modération pour lutter contre l'égoïsme, la
vanité, l'orgueil de perfides antagonistes, pour les défendre
contre leurs erreurs et défendre tous nos droits!

MM. les Maîtres de postes, ruinés par la création des chemins de fer, suppression de leur industrie, ont été admis à
l'honneur de présenter leurs griefs auprès du Roi; ils ont réclamé
la possession légale de trois siècles, dont la dépossession, sans
indemnité, était regardée par M. le ministre Humann comme
une spoliation, et ont invoqué leurs sacrifices, alors que, soldats-
citoyens, en 1812, leurs chevaux traînaient les canons jusque
sous les murs de Moscou, et plus tard à Montmirail et Cham-
paubert.

Quelle a été la réponse du Roi? La réponse du Roi a dû être
conforme à la réponse que fait M. le Ministre à la Boulangerie :
*Les lois actuellement en vigueur s'opposent aux conditions ex-
ceptionnelles, et les lois suffisent dans l'intérêt de tous.*

Le Roi n'a répondu que par la loi telle que les législateurs
l'ont comprise.

« Les postes sont indispensables à l'État ; leur réseau couvre
» la France entière, elles formeront toujours le seul système com-
» plet de communication ; elles doivent être précieusement con-
» servées ; il faut que ce que les nouvelles voies leur enlèvent
» soit remplacé par des allocations suffisantes : *c'est au gouver-
» nement à y pourvoir*, parce que l'institution est essentielle-
» ment gouvernementale. »

« Si, dans un système nouveau, certains titulaires perdent une
» partie des droits qui leurs sont acquis, une indemnité équiva-
» lente parait de toute justice. »

Vous reconnaissez que le Roi a trouvé dans la loi ce que les
avocats, magistrats, ministres, ne peuvent jamais trouver.

Telle est la question de la Boulangerie, de toute industrie ; c'est
la question de la possession. La Boulangerie n'est-elle pas indispensable, n'est-ce pas le seul système complet d'approvisionne-
ment, le pain à bon marché par les taxes ? Doit-elle être conser-
vée ; la Boulangerie ne possède-t-elle pas depuis treize siècles
par les lois, par ses sacrifices ? Par l'abus des permissions spéciales, des approvisionnements, des taxes, on a ruiné la Boulangerie ; ne lui doit-on pas une indemnité, puisqu'on la dépossède ?

Alors que les maîtres de postes conduisaient les canons à Moscou, que nous étions tous au camp de la patrie sur et sous les
canons, que les maîtres de postes jouissaient des indemnités de
Cadix à Wilna ; alors que les grains pourrissaient dans les bas-
sins du Nord pour les approvisionnements de l'armée, que les
alliés occupaient la France ; les boulangers nourrissaient les vieil-
lards, la famille, les étrangers, et donnaient sans indemnité à
55 c. le demi-kil. le pain qui valait plus de 2 fr., et ce fut aux
désastres de l'Empire et de 1815 que la Boulangerie dut le décret
de 1812 et sa ruine, que l'équité pouvait réparer.

Le délégué de la Boulangerie,

G. ORTET.

Bordeaux, le 15 mars 1845.

Enfin je reçois, transmise par M. le Maire de Bordeaux, la réponse de M. le Ministre du commerce à M. le Préfet de la Gironde, sur les réclamations que je lui ai adressées les 10 septembre et 30 octobre derniers, il y a six mois, relatives aux poids et mesures; et ses observations sur la pétition que j'ai eu l'honneur d'adresser au Roi dans l'intérêt de la Boulangerie.

Je savais que M. le Ministre ne répondrait pas ou qu'il ne répondrait que faussement; aussi n'a-t-il répondu que contraint par ordre du Roi, et il a éludé la question.

Réponse de M. le Ministre du commerce.

« De ces explication il résulte que le sieur Orlet voudrait pu-
» rement et simplement se dispenser d'avoir les poids et les me-
» sures déterminés pour l'exercice de la profession de boulan-
» ger par votre arrêté du 19 décembre 1839; il prétend qu'il n'a
» pas besoin de poids pour vendre du pain au volume, et que,
» ne pouvant se livrer à aucun autre commerce, l'on ne doit pas
» le contraindre à avoir les poids et mesures dont il s'agit, ni
» par conséquent à payer les frais de vérification.

» Je ne peux admettre ces prétentions. »

Egalement, Monsieur le Ministre, je ne peux admettre les vôtres; entre nous, Monsieur le Ministre, il y a des lois que vous devez faire exécuter et auxquelles je dois obéir!

Les arrêtés des préfets et des maires, qui sont des lois attendu que l'on m'en impose l'obligation et que l'on me condamne si je me trouve en infraction, commandent aux boulangers :

« De ne se servir que de poids masses, *sous peine d'interdiction.* » (Arrêté, 18 juin 1813.)

« De ne s'immiscer dans aucun commerce, ni par personnes
» interposées, *sous peine d'interdiction absolue.* » (Arrêté, 24 juin 1814.)

« De ne quitter la profession que six mois après la déclaration
» qui doit être faite au maire. » (*Idem.*)

« Les seuls volumes autorisés sont 1, 2, 3, 5 kil. » (Arrêté, 24 août 1840.)

« Le pain du jour devra avoir le poids requis. » (*Idem.*)

« Nos arrêtés antérieurs continueront à avoir leur effet. » (*Id.*)

Ce qui constitue, Monsieur le Ministre, que je ne peux avoir que des poids masses ; que je ne peux vendre le pain par fractions, mais au volume ; que je ne peux vendre ni blé, ni son, ni avoine ; que je ne peux me servir ni de poids usuels, ni de décalitres, sous peine d'interdiction.

Or, je ne vous ai pas demandé, Monsieur le Ministre, de m'excepter simplement de la vérification des poids et mesures dont il m'est interdit de me servir, *vu que je paie la vérification de ceux dont je ne me sers pas :* je vous ai demandé s'il m'était permis de m'en servir ; si je pouvais acheter et vendre ; faire tout commerce ; refuser de vendre du pain lorsque les taxes ruinent la Boulangerie ; de me protéger contre les exactions qui m'obligent à agir contrairement aux arrêtés ; de déclarer si les arrêtés relatifs à la Boulangerie, ces arrêtés du moyen-âge que vous déclarez absurdes, qui prononcent l'interdiction dans une infinité de cas et qui sont en opposition aux lois que vous proclamez, sont maintenus ou abrogés. Vous n'avez pas répondu, Monsieur le Ministre, vous préférez laisser les boulangers victimes de toutes les violations.

L'ordonnance du 17 avril 1839, art. 15, contient : « Les pré-
» fets dresseront des tableaux des professions qui doivent être
» assujetties à la vérification ; le tableau indiquera l'assortiment
» des poids et mesures dont chaque profession sera tenue de se
» pourvoir. »

La loi indique-t-elle que celui qui n'exerce pas une profession est tenu à un assortiment de poids et mesures pour la profession qu'il n'exerce pas, qu'il lui est défendu d'exercer ; de posséder des mètres, des litres, des poids, des mesures, *s'il lui est interdit de s'en servir ?* Un menuisier est-il tenu d'avoir des litres ; un boulanger, un mètre ; un débitant de vin, des balances ? Un boulanger à qui il est *interdit* de rien mesurer, *interdit* de se servir de mesures, peut-il avoir des décalitres, pourquoi faire ?

sans doute pour l'obliger à subir une condamnation pour les posséder contrairement aux arrêtés, et faire double profit de la loi.
Un chasseur, un voyageur *interdits* à chasser, à voyager, seraient-
ils tenus à un port-d'armes, à un passeport? voilà l'absurde,
l'abus, que repoussent la raison et le sens commun; qui, pour
un misérable profit, font des ennemis au Roi.

Vous ignorez, Monsieur le Ministre, que M. l'adjoint de maire
Curé a innové la *Culbutasse-inhérente*, afin que chaque boulanger soit tenu de peser le pain en tout lieu, à toute réquisition,
même d'un forçat libéré qui ne voudra pas acheter : le tableau
des préfets portera-t-il cette innovation, et par quelle loi?

Vous vous moquez des boulangers, Monsieur le Ministre; vous
abusez de leur ignorance; vous espérez les contraindre à les lasser; vous vous amusez, Monsieur le Ministre, je vais également
m'amuser.

Relativement à la réclamation que j'ai eu l'honneur d'adresser
au Roi, M. le Ministre répond :

« J'ai reçu du cabinet du Roi deux mémoires du sieur Orlet,
» adressés, l'un à Sa Majesté, l'autre à tous les boulangers de
» France. Cette fois il demande :

» 1° Que le nombre des boulangers soit limité à raison de un
» boulanger par 1,200 habitants;

» 2° Indemnité pour les boulangers dépossédés;

» 3° Que dans les années d'abondance la taxe du prix du pain
» soit un peu élevée au-dessus de son taux naturel, sauf à la di-
» minuer proportionnellement dans les années de disette.

» Sans m'arrêter à la qualification de *délégué de la boulange-*
» *rie dont le réclamant s'est revêtu*, il me suffira de rappeler ici
» avec mes précédentes instructions que la limitation du nom-
» bre des boulangers, contraire au tex   des lois, ne le serait pas
» moins à l'intérêt public, et l'on doit aussi repousser de la taxe
» le système des compensations dont l'expérience, d'accord avec
» la raison, a démontré les nombreux inconvénients. »

1° Vous ne vous arrêtez point, Monsieur le Ministre, *à la qua-*
lification de délégué de la Boulangerie, qui vous le demande?
Pourquoi? sans doute par mépris pour la Boulangerie! Telle fut

la réponse de M. le Préfet de la Gironde lorsque je plaçai la Boulangerie sous sa sollicitude et les *mitroueaux* sous sa main; M. le Préfet ne comprit pas *l'apologue!*…. Si M. le Préfet eût dit : *Venez à moi, ma porte ne vous fut jamais fermée?* l'orgueil des syndics *renforcés* étouffait le délégué, et les esclaves restaient esclaves !

Délégué de la Boulangerie, je compris le mépris! Aussi, grandi par la Puissance, je répondis :

« *Le pain, les farines sont la propriété de la Boulangerie!* »
(Rapport au Ministre, 3 août 1843.)

Il y a cinq cent quatre-vingt-quatorze jours et autant de nuits, Monsieur le Ministre, et vous vous êtes arrêté à ce faible *saxifrage*, vous n'avez pas trouvé un antidote, un texte de loi contraire à cette inviolabilité.

Je comprends, Monsieur le Ministre, qu'il est extrême, ridicule que des mitrons à qui l'on a toujours pris le pain, aient osé s'en étonner et se plaindre; s'ils ont crié, c'est qu'on leur enlevait l'épiderme !

Vous ne saviez pas, Monsieur le Ministre, que M. l'Adjoint de maire de Caudéran avait jeté ses yeux sur lui; que l'ingrate Boulangerie les a détournés. Délégué, il devait, au nom des syndics *renforcés*, réclamer des lois protectrices contre les violations, les spoliations; *par la limitation, l'augmentation des approvisionnements, la suppression des boulangers ruinés*, vous accordant, Monsieur le Ministre, de taxer le pain *ad libitum*; et si M. l'Adjoint de Maire de Caudéran ne fut pas délégué, c'est qu'il ne put *boscoter* la délégation : n'est-il pas, Monsieur le Ministre, un petit texte de loi contre *le boscotage!*… Alors, où vous seriez-vous arrêté, Monsieur le Ministre, devant l'*Hermathène administral?* eussiez-vous dégradé, chassé l'adjoint de maire pour le boulanger, ou le boulanger pour l'adjoint de maire?

Avez-vous chassé, Monsieur le Ministre, le délégué des chemins de fer? Probablement le délégué de la Boulangerie, *bâtard public, sans fraternité, sans sympathie*, eût dit sur le pétrin aux *renforcés* joyeux, confus, qu'il n'arrivait que de bas lieux!…

Vous rediriez cinq cent mille fois, Monsieur le Ministre, au procureur général des *renforcistes* que vous méprisez les boulangers dans leur délégué, il en resterait *car!* Il aime la Boulangerie dans la boue, avilie, méprisée, ruinée; il aime à régner sur les fatras!

L'amiral Baudin a tendu la main aux délégués des ouvriers de Toulon; *était-ce le serre-main de l'hypocrisie?* il leur a dit :

« Venez à moi, ma porte n'a jamais été fermée à aucun de » vous; si vous n'êtes pas contents de moi, adressez-vous au mi- » nistre; allez, s'il le faut, jusqu'au Roi lui-même.

» D'ailleurs, au-dessus de nous, au-dessus du Roi, il y a quel- » qu'un plus grand que tous; c'est Dieu, de qui émane toute jus- » tice et qui nous jugera tous, chacun selon ses œuvres. Eh » bien! la loi de Dieu, c'est la soumission à l'ordre établi, car l'or- » dre est le premier élément de bonheur des sociétés humaines. »

L'amiral Baudin se serait-il joué des hommes et de Dieu! ou le faux Lacordaire a-t-il fait un *ex-voto* à la jonglerie!

Délégué de la Boulangerie, élu à la majorité des voix malgré tout ce que la bassesse peut exercer de filouteries; délégué jusqu'à révocation de mon mandat ou de ma volonté, j'ai juré de défendre ses droits par les lois : c'était promettre à Dieu de défendre le Roi, la famille; j'ai tenu mes serments, Dieu me jugera!

La délégation de la Boulangerie est-elle la camisole du forçat, la chemise de Déjanire? Je vous la jette, Ministre du Roi; qu'elle vous brûle sur le bûcher de la loi!

2° *Sur l'indemnité aux boulangers dépossédés*, vous n'avez pas répondu, Monsieur le Ministre; vous avez oublié de déclarer que l'indemnité de la dépossession est contraire aux textes des lois; cherchez bien, Monsieur le Ministre, dans quatre-vingt mille lois et un million d'interprétations, vous retrouverez.

« *Les boulangers qui suspendront leurs travaux seront réputés* » *ennemis de la patrie, destitués de leur droits de citoyens pen-* » *dant cinq ans.*

» *Ceux qui dans les vingt-quatre heures n'auront pas satis-* » *fait à la réquisition des approvisionnements seront traités* » *en ennemis de la patrie.* » (Liberté, égalité, 9[15 août 1793.)

Vous n'êtes pas pour les indemnités, Monsieur le Ministre.

vous préférez la ministérialité de tout prendre et de tout garder. Votre crainte, votre silence m'étonnent; j'ai eu l'honneur d'assurer le Roi *que nous nous rachèterions nous-mêmes; que sans chasser les brebis du bercail, parce que les pâturages sont arides, comme la fourmi qui butine, nous pourvoirions des miettes de l'opulence avec la puissance des lois!*

Ce n'est plus le délégué de vils esclaves, c'est un homme qui le redit : *le pain, les farines sont la propriété de la Boulangerie, ma propriété;* déclarez le contraire? je vous le défends! Je ne possède pas la force brutale de m'opposer à la violation; je n'ai que l'heureuse puissance de vous vaincre par les lois !

3° *Si j'ai réclamé la limitation du nombre des boulangers,* c'est que cette industrie ne peut exister sans que le nombre en soit proportionnellement déterminé; cette organisation résulte des lois romaines, de tous les statuts, ordonnances, décrets:

« *L'arrêté portant suppression de vingt-sept établissements de* » *boulangerie à Bordeaux sera exécuté.*

» *Le sous-secrétaire d'Etat,* BECQUEY. »

Les suppressions sont-elles l'augmentation des industriels, la liberté de l'industrie? et pourquoi, *contrairement aux textes des lois,* n'est-il à Paris qu'un boulanger par deux mille habitants? Encore, Monsieur le Ministre, qui êtes si légomane avec M. Jaubert qui ne vous parle pas de lois, vous ne me dites pas à quel texte de loi la limitation est contraire; je ne suis pas assez niais pour répéter et les imprimeurs et les notaires, vous me répondriez que vous pouvez les centupler comme les débitants de tabac, ne reconnaissant que la limitation du bon plaisir.

J'ai démontré que l'Etat pouvait ordonner la suppression de toute industrie, recréer sa réorganisation; avez-vous proposé autre chose, Monsieur le Ministre, contre l'industrie betteravière, et le lendemain de la suppression, auriez-vous reconnu que tout citoyen pouvait être betteravier, pour supprimer chaque jour, pour donner raison à la loi par le libre arbitre, à la loi par la suppression?

Egalement vous affirmez, Monsieur le Ministre, que la limitation est contraire à l'intérêt public, mais vous ne démontrez pas en quoi elle est contraire. Que veut l'intérêt public? des réserves, toujours du pain à bon marché et dans les circonstances les plus extrêmes : la limitation présente ces garanties; moins de frais de fabrication, des profits plus réunis, un crédit mieux assuré; au besoin, certaine de son avenir, le sacrifice par la Boulangerie de ses contrats, de ses bénéfices; et la factice limitation du décret de 1812 fit accorder un million de pain à la ville de Bordeaux, qui fût restée durant neuf mois à la famine : car, Monsieur le Ministre, les boulangers sans le crédit n'eussent pas eu un million à sacrifier. Mais vous ne dites pas si les boulangers sont de l'intérêt public; s'ils sont les fils de la patrie, puisqu'ils en souffrent les douleurs, s'ils ne souffrent pas du viol de leur propriété. J'oubliais, Monsieur le Ministre, que des hommes qui ne peuvent se faire représenter, que des forçats doivent tout subir!

Mais vous ne dites pas, Monsieur le Ministre, que, vu que la limitation est contraire aux textes des lois, conséquemment l'industrie du boulanger est libre; qu'il peut être établi mille boulangeries; que, dès le moindre enchérissement des farines, tous les boulangers peuvent cesser de faire du pain, et laisser l'administration à pétrir : alors pourquoi vos spéciaux vésicatoires, vieux emplâtres des Dagobert? Ah! c'est que vous voulez, Monsieur le Ministre, de l'accouplement des lois et de l'absolu, l'improductif mulet de l'esclavage.

L'industrie est libre ou ne l'est pas; si la loi s'oppose à toute limitation, il y a liberté de l'industrie, et les brevets sont des spoliations; alors tout le système développé à la Chambre des Députés par M. le ministre de l'intérieur Duchâtel, sur l'organisation de l'industrie, n'était qu'une sophistique déclamation. La limitation n'est pas d'une nécessité absolue pour la boulangerie; élevez les taxes par les lois qui les surbaissent, et la Boulangerie vivra : mais, Monsieur le Ministre, vous ne trouveriez pas cela de l'intérêt public; il vous faut la loi de 1791 avec *l'obligation des réglements faits et à faire*, qui commandent la ruine, l'anarchie, la misère, l'absolu; qui violent l'ordre, la propriété, les lois par toutes les lois : qui rejettent les boulangers de l'intérêt pubie et ne veulent que des boulangers esclaves, venant se ruiner, succédant à des boulangers ruinés.

Sous l'apparente limitation de 1812, tous les pauvres de mon quartier avaient des rôles de pain pour bibliothèque; cette bibliothèque m'a coûté 20,000 fr., et j'ai des bons de pain des pauvres de quoi numéroter tous les ministres passés, présents et futurs: aujourd'hui ils n'ont que la misère, la faim, le désespoir, ils ne mangent pas: ils m'apportent des mouchoirs, des couteaux, des lunettes, pour un morceau de pain; je les chasse comme vous avez voulu chasser le délégué de la Boulangerie, et de la famille et des malheureux. Vous n'avez donc rien à leur donner, Ministre du Roi! Vous n'avez donc plus le crédit de la Boulangerie, le pain de l'aumône que les boulangers donnaient aux maires tous les ans, puisqu'ils reviennent affamés!

4° Si l'on doit repousser le système des taxes par compensation dont l'expérience, d'accord avec la raison, a démontré les nombreux inconvénients, il faut en démontrer les inconvénients!.... Elever les taxes lorsque les travaux sont en pleine activité, que les malheureux travaillent; rendre cet excédant dans les temps où les travaux sont interrompus, pour aider à la misère publique, est une combinaison de l'économie publique, exercée dans tous les temps et chaque jour par l'autorité.

« *La taxe du pain sera établie et maintenue à un taux rela-*
» *tivement un peu supérieur au prix du blé, jusqu'à ce que les*
» *boulangers de Bordeaux aient obtenu une indemnité de*
» *113,580 fr. 1., somme à laquelle demeure réduit le dédomma-*
» *gement par eux réclamé: toutefois en ayant égard au moment*
» *où se fera la taxation.*

« *Le sous-secrétaire,* Becquey. »

L'administration municipale, toujours mémorative dans les circonstances extrêmes, exerçant toujours la surbaisse par la peur, n'accorda même pas l'indemnité ordonnée par le Ministre.

Vous ne me parlez point, Monsieur le Ministre, de la restitu-

1 Les pertes au 1 mai et 31 juillet s'élèvent à 465,760 fr

tion des différences des taxes. Elever, baisser réciproquement les taxes, faire vendre le pain, pendant un mois, à 10 c. le kil., lorsqu'il en vaut 15 ; le faire vendre un autre mois à 15 c., lorsqu'il en vaut 10, n'est uniquement qu'une compensation ; mais ne rien restituer ce n'est pas rendre, c'est garder !

Pourquoi, Monsieur le Ministre, ne faites-vous exécuter le système que vous proclamez et qui éviterait tous les désagréments ; *pourquoi n'ordonne-t-on pas les taxes, toujours équitables à quelque prix que soit le pain?* Vous n'avez pas encore proclamé, Monsieur le Ministre, *que vous vouliez le pain au prix qu'il vous convenait de l'établir;* alors, en 1811, 1816, 1837, le pain vendu par la Boulangerie 80 c. le kil. eût valu 1 fr. 90 c. ; aurait mangé qui aurait mangé !... et si le pain ne valut que 80 c. le kil., c'est que la Boulangerie se ruina à payer pour l'État (1).

En traitant des compensations des taxes, je n'ai pas compris l'équité des remboursements, des surbaisses des taxes à l'égalité du prix normal; vous ne conviendriez pas, Monsieur le Ministre, que l'on élude cette restitution: j'ai voulu traiter des taxes *précautionnaires!...* J'ai reconnu que depuis 1816, durant vingt-neuf ans, le prix du pain n'a dépassé le prix moyen normal des années ordinaires que dans l'année 1837; or, pendant vingt-huit ans, on pouvait élever le prix du pain de quelques fractions de centime pendant la saison prospère des travaux, et établir une réserve pouvant servir au-delà des besoins d'une année disetteuse : et ces ressources ne résulteraient-elles pas d'un système préférable au système par lequel dans l'abondance on a ruiné la Boulangerie; qui, dans un cas extrême, laisserait l'administration toujours hors d'état de suffire aux pourvoyances, dans l'impossibilité de pourvoir par le manque du pain que la Boulangerie a le droit de refuser?

Pour l'organisation publique, Monsieur le Ministre, il vous faut la puissance des lois, les trésors de l'État ; je ne sais rien organiser sans des moyens organiques.

(1) La Boulangerie perdait 43|90 c. par kil. de pain, moitié du prix. (Rapport au Ministre.)

Vous me privez, Monsieur le Ministre, d'une petite loi sur les taxes ; reconnaîtriez-vous *que l'éternel provisoire de l'art. 30 de la loi de* 1791, l'art. 15 du décret de **1812**, qui permettent de taxer le pain même au-dessous de 0|0, ne sont plus la loi !.. Les gnomiques, les savants, les prudents, démontreraient que c'est la loi, que ce n'est pas la loi !...

> Pour prouver aux niais
> Que les hommes habiles
> Mangent, vivent aux frais
> De tous les imbéciles !...

Il est très commode, Monsieur le Ministre, de taxer le pain suivant le bon plaisir, de prendre à la poche des boulangers pour étouffer les *braimants* ! Cela pourrait être sans vol à l'aide de la loi ; organisez la Boulangerie, elle accordera ce qu'il faudra ; ordonnez un petit *dixième* de paix à l'introduction des blés, des farines, et, sans manger les boulangers, pauvres, riches, magistrats paieront, et au besoin vous aurez de quoi empêcher de braire ! Un magistrat, un ministre du Roi manger du pain taxé *à minime*, fi ! fi ! c'est la lèpre des bœufs !

Encore, la loi d'importation et d'exportation des grains, qui protége et réprime l'agriculture, n'est-elle pas la compensation primitive refluant sur l'augmentation ou l'abaissement des taxes : et par la plus extrême des usurpations, lorsque l'agriculture baisse ses bénéfices, n'êtes-vous pas pas plus facile avec la Boulangerie ; et lorsque l'agriculture élève ses profits, n'écrasez-vous pas l'agriculture et la Boulangere, docte légalité des compensations ?

Encore, MM. les Députés, sur la réclamation de MM. les Boulangers de Strasbourg, ont reconnu que depuis 1830 aucune autorisation de boulanger n'avait été accordée à Paris : est-ce la limitation contraire aux lois ? que des syndics avaient été nommés contrairement aux lois ; que les taxes étaient plus ou moins justement réglées ; que la Boulangerie subissait une position exceptionnelle d'ordre public ; et le triple renvoi a été ordonné. Ministre du Roi, vous ne reconnaissez ni députés, ni délégués ; vous ne reconnaissez même pas les lois !

Vous m'abandonnez à mon erreur, Monsieur le Ministre, c'est mal! très mal! Vous me laissez convaincu que, par les approvisionnements, les taxes, on viole la propriété; que par une étincelle de pavé, que l'on nomme *la....* *Chut!.... Chut!...* C'est peut-être un soupir vénéneux..., je pourrais en appeler aux citoyens, aux magistrats, aux députés, aux ministres, au Roi, à leurs serments!..... faire feu sur qui viole ma propriété!...

Vous me direz, Monsieur le Ministre, que je suis bien *brute:* c'est un arriéré de l'animalité industrielle que notre très bon Curé va mettre à étouffer: il ne veut pas que l'on sache qu'il *refuserait le droit* à la Boulangerie de nommer ses syndics; qu'il nommerait pour syndics qui lui conviendrait; qu'il a maintenu des syndics nommés par des cabaretiers et sophistiqueurs; chassé les syndics de la révision des mercuriales, pour prouver aux *renforcés* qu'ils n'étaient que des *ramollis*, et taxer par sa volonté; qu'il ne *tombeauvifie* pas les boulangers, parce que vous ne le voulez pas! Veuillez, Monsieur le Ministre, et il osera! Que par intimidation les *ramollis* s'abstiennent d'écouter les dangereux Echos dont les molles plaintes brisent son cœur de rocher, et ne soupirer que dans le vide de son pneumatique étouffoir! Indiscret Echo, ne peux-tu vivre sans exprimer les dernières joies et les dernières douleurs! pourquoi *fulmitouffer* une colère!.... Quels hommes!... quel magistrat!... quel Echo!

Venez à son aide, Monsieur le Ministre; notre cher Curé n'attend plus que très impatiemment la croix.... la croix de bois pour enterrer la Boulangerie !!!

En espérance d'être étouffé, je me rappelle, Monsieur le Ministre, que *Marcus Junius* conspira contre César; ce grand républicain centripète, l'antichrèse Victor Hugo politique, crime, vertu; amour, haine; serment, anathème; viol, justice; liberté, lois; qui, ayant brisé les rois panthées pour les rois des hommes, trouvant que sans les lois qu'il avait brisées il n'était plus de foi publique, de culte à la patrie, voulut faire renaître le Phénix de ses cendres, comme si du Tiphon pouvait renaître Jupiter; et alors que l'anarchie gravissait jusqu'au sénat, que dans sa panophobie

il présentait à ses amis et à ses ennemis les ennemis de ses
amis, *Hortensius* lui écrivit :

A Marcus Junius.

« Devez-vous renverser l'arbre des libertés, enfouir ses ra-
» meaux dans l'ombre, réexposer ses racines à l'air ! »

> « *Publicus*, ta noble satire
> Chantait les gueux : vive les gueux !
> Mon brute esprit me faisait dire
> Que tu chantais les malheureux !
> Non, ta muse patriotique,
> N'a pu chanter les scélérats,
> Des affranchis la tourbe famélique,
> Et les brigands, et les forçats !
>
> Les gueux sont tes fils, sont les hommes,
> Qui veulent du travail, du pain ;
> Des tyrans les bêtes de sommes,
> Ce sont les ânes du moulin.
> Oui, sous le chaume, aux soins de la culture,
> Près l'ennemi, sous le fer des soldats,
> Les nourriciers des grands et de l'usure,
> Sont les gueux de tous les états !
>
> On écrit : *L'histoire du monde*
> *Apprend qu'il faut savoir punir ;*
> *Le peuple est un torrent qui gronde,*
> *Soyez fort pour le contenir !*
> Quoi ! Junius, dont le mâle génie
> Voulut au joug courber la royauté,
> Cet ennemi de l'aristocratie
> Ose annoncer notre captivité !

G. O. *Hortensius.* »

« *Hortensius*,

» J'ai reçu toutes vos lettres à la campagne, et votre reproche
» serait juste ; mais si vous saviez combien je souffre, vous y eus-
» siez mis moins d'amertume.

» *Vous me faites tort* quand vous croyez *que mes sentiments*
» *ont changé. La dernière goutte de mon encre et la dernière*
» *goutte de mon sang appartient à la patrie. J'honore et j'estime*
» *le peuple, et je crois qu'il n'a pas de haine* pour moi malgré

» les calomnies dont on m'honore. Mais plus *j'aime le peuple*,
» plus je veux le mettre en garde contre les flatteurs qui l'éga-
» rent et qui le perdraient. Si l'on savait comme les derniers sou-
» lèvements étaient composés, on ne les confondrait pas avec
» les héros qui défendaient les lois et la liberté contre la tyran-
» nie! et les derniers violaient toutes les lois; il y a au *Forum*
» plusieurs milliers d'affranchis des galères que l'on ne peut y
» renvoyer et qui sont en *grande partie* la cause des derniers
» troubles.

» Quand j'attaquais le despotisme, je remplissais un devoir
» bien facile; le risque à courir n'était pas bien grand, mon cou-
» rage pouvait paraître douteux. Quand j'ai protesté contre Cé-
» sar et signé à l'avance mon arrêt de proscription, le risque était
» plus grand, mais la récompense était grande aussi, et l'hon-
» neur ne permettait pas de balancer.

» Je n'ai agi que dans *l'intérêt du peuple*; je veux la liberté,
» mais elle est impossible sans ordre, et il n'y a ni ordre, ni lois
» possibles sous les maximes folles que la démagogie veut propa-
» ger; et dussé-je rester seul de mon parti, jamais ma conscience
» ne fléchira! »

» Et pourriez-vous me dire quel intérêt personnel j'avais à agir
» ainsi? Ai-je demandé des places, des honneurs, des dignités,
» et que pour les obtenir j'aie abandonné la *cause du peuple?*
» J'aurais tout obtenu, *j'ai tout refusé!*

» Veuillez recevoir mes salutations, adieu.

» H. F. *Marcus Junius.* »

Le plus grand des citoyens se défend au premier doute élevé
sur sa faiblesse; il ne souffre pas d'être coupable, il souffre d'être
accusé; il veut la liberté, l'ordre par les lois! Vous, Monsieur le
Ministre, quand on vous prouve que l'on viole les lois, vous ne
vous en occupez pas!

*L'industrie, les farines, le pain étant la propriété de la Bou-
langerie*, on ne peut déposséder les boulangers exerçant; exiger
les approvisionnements, les taxes que par le sacrifice pour cause
d'utilité publique, et l'indemnité.

Y a-t-il utilité publique? ordonnez le sacrifice, réglez l'indemnité, soit pour l'industrie, ou les approvisionnements ou les taxes; vous obtiendrez celles des ressources utiles à l'intérêt public, combinées à l'intérêt de la Boulangerie; la loi ne détermine pas la nature de l'indemnité, et la Boulangerie peut accepter son organisation en échange des sacrifices.

Alors que, dans le bonheur de la paix, la famille grandit et s'augmente, que tous les publicites, économistes, moralistes proclament les théories de l'organisation sociale, vous repoussez, Monsieur le Ministre, l'organisation de la nourricière de l'Etat; vous refusez d'organiser lorsque tout s'organise, lorsqu'on ruine la Boulangerie par l'abus des décrets organiques; et rejetterez-vous le droit de la Puissance qui demain peut ordonner que nul de ceux qui ne sont pas boulangers ne le sera sans une permission de l'Etat?

Hors de l'utilité publique, du sacrifice et de l'indemnité, *soit organique ou tout autre*, la Boulangerie ne doit subir ni les approvisionnements, ni les taxes, *c'est violer la loi!* La Boulangerie doit-elle du pain aux salariés de l'Etat; aux riches, qui font profit de sa misère; aux industriels, qui déposent les épargnes de leurs profits enlevés à la Boulangerie ruinée; que doit-elle aux malheureux, aux gueux que l'Etat doit nourrir? rien!... Si vous n'avez rien à donner à la Boulangerie, libre comme toutes les industries, la Boulangerie n'a rien à donner à l'Etat.

Ce n'est plus la Boulangerie de Bordeaux, de la France qui réclame; ce sont les organes publics dévoués à l'Etat qui disent hautement en le déplorant :

« La richesse, la puissance de la France se détruisent par les
» mesures étroites et sordides qui nous assaillissent de tous côtés;
» L'ADMINISTRATION COMPROMET LE GOUVERNEMENT.
» Violer un peu la propriété, c'est la violer toute. Toute révo-
» lution est une exception à l'ordre social, puisque l'ordre social
» a pour base la suprématie du droit sur la force. »

HENRI FONFRÈDE.

La suprématie du droit est *que le pain, les farines sont la pro-*

priété de la Boulangerie ; l'exigence des approvisionnements, des taxes sans indemnités, sont une exception à l'ordre social, une violation de la propriété. Que la révolution commence par en-haut ou par en-bas, c'est la révolution, la tyrannie, l'arbitraire : choisissez, Ministre du Roi, entre la violence, l'anarchie, le droit, l'ordre et les lois !

C'est trop, Monsieur le Ministre, de réclamer l'exécution des lois que vous avez jurées, que vous devez défendre ! Contre la Puissance, il me fallait la massue de la Puissance !...

Vous ne cessez, Monsieur le Ministre, de nous parler des lois ; de quelles lois ? Sont-ce les lois de Nécropolis, dont les vivants ne peuvent expliquer ni le passé, ni le présent, ni l'avenir ? Nouveau Minos, réduirez-vous Athènes à vous abandonner ses filles et ses garçons pour les livrer au Minotaure ? Le Sort vous a-t-il fait juge des hommes, du ciel ou de l'enfer !

Vous avez chassé les députés de la nation élus par l'intrigue, flétri ceux dont vous soupçonniez la foi publique ; vous dédaignez le délégué de la famille des malheureux. Eh bien ! chassez, flétrissez ces magistrats, ces syndics, qui ont trompé, spolié la Boulangerie ! ces magistrats qui substituent et violent les lois !

Au grand jour de la vérité vous ne reverrez plus ces météores funèbres qui s'élèvent des ténèbres et apparaissent comme des spectres plaintifs autour des trônes des rois ! Si l'on ne me ravit mon bien, vous ne m'entendrez plus me plaindre, docile ami qui ne sais qu'obéir !

J'en appelle à Dieu, au Roi, à la France !... J'ai tenu mes serments !... j'ai réclamé par les lois ! Vous ne pouvez craindre, Monsieur le Ministre, accourons au temple de la Justice ! les yeux fermés sous son bandeau, elle ne reconnaît ni les hommes, ni les ministres, ni les rois ! Conduits par ses filles, la Loi et la Paix, qu'elle punisse celui qui use de fausses mesures et de faux poids !

Hors de la justice, des lois, tout n'est que mensonge, corruption, malheur, prestige !

A TOUS !

Prestidigitateur, escamote mon ame :
Ah ! pour me la ravir faut-il doubler sa flamme,
Jeter à son foyer, mon ambulant chaudron,
L'essence térébinthe et la poix du goudron ?
Cher *Carrikatura*, soulève ta paupière,
Prends d'un vieux chat-huant les deux yeux pour lumière ;
Je veux, à te surprendre, illustre *Bilboquet*,
Passer à l'aveugler la balle au gobelet ;
Sois juge de ton art ? remarque mon adresse,
De mes agiles doigts l'admirable souplesse.
As-tu vu sur la place un saltimbanque adroit
Dérouler un ruban à l'envers, à l'endroit,
De brillantes couleurs formant une auréole !
Dès le premier souhait, soudain, par sa parole,
Le rouge, blanc et bleu sur l'instant venir blanc...
Disparaît !... et le blanc venir rouge de sang ?
Ensuite, remontrer les couleurs primitives,
Du chlore et de l'acide incolores lessives !
As-tu vu le même homme être blanc, être noir ;
D'une des deux couleurs changer matin et soir ?
Eh bien ! ce phénomène étrange et fantastique,
Qu'un philosophe seul et comprend et s'explique,
Des disciples d'Albert, alchimistes discrets,
Le mystère nouveau, le plus grand des secrets,
N'est rien ! pour le prouver j'exerce à l'instant même,
Et j'évoque des morts la puissance suprême !
Tiens, j'ai pris la *Pétrie*, et mise dans ma main,
J'ai soufflé : ni jamais, aujourd'hui, ni demain,
Elle ne paraîtra. Voilà de la magie !
Je l'appris de Médée, aux fêtes de Phrygie ;
Ce n'est pas, Bilboquet, pour flouer les mitrons,
Non, les escamoter, empocher les citrons ;
C'est un moyen-*Macaire* : un batteleur délasse ;
La surprise des yeux est l'art du *passe-passe* !
Devin qui pythonisse, oracle des grands dieux,
Je viens sans sarbacane, et me montre à tes yeux ;
Comme les ossements, aux sombres catacombes,
Sous la crypte et la nuit blanchissent sous les tombes,
De mes obscurs écrits le phosphore éventé
Carbonise les corps où brilla sa clarté ;
Et sous les gobelets, cornue à la farine,
De traits noirs, tout formés de suie et de résine,
Nos petits-fils liront ; oui, car ils ne sont pas
Sans savoir l'alphabet, comme nos grands-papas :
Ils possèdent l'esprit qui manquait à leurs pères ;
Loin de suivre les bœufs, de labourer les terres,
De jouer à la quille et chanter au lutrin,

De rire, de siffler aux pouf! paf! du pétrin,
Ils ont des Bohémiens la chagrine science,
De Mercure et Midas l'audace et la prudence;
Et pour nous le prouver, ces modernes docteurs,
L'âme des Bilboquets, se font escamoteurs,
A front pâle d'étain, caisse de vent remplie,
Bouffons, glissant la balle adroitement polie,
Ouvrant la saturnale, où le maître et le chien
N'ont plus que même plat, ne se disputent rien;
Niant effrontément *Sabba* qui les renie,
Et *Sabba*, sans bandeau, de son antre bannie,
Qui brisant son trépied, trône de l'avenir,
Décrépite, sans voix, à qui veut l'obtenir,
Dit tout bas, non tout haut : Il n'est plus d'artifice,
Je me livre en payant, profitez du caprice!

Ce n'est pas des démons le sabbat infernal,
C'est de l'or pour Pierrot, change du chrysocal;
Entrez, étonnez-vous, et, sans payer d'avance,
Paillasse à la sortie attendra sa pitance;
Arlequin doit briser, sous son masque d'empois,
Pur *acier*, *Coutoulas*, de son sabre de bois;
S'il ne veut de levain bien lui graisser la patte,
Il doit le perforer!.... à l'aide de Pilate,
Et par besoin d'Etat, et par respect humain (1),
Faire enclouer vivant ce vieux Samaritain!...
Pilate fut mandé par l'ordre de Tibère!
Son digne successeur, de Rome le Cerbère,
Dans les forfaits, le crime et l'inceste vautré!
César, Caligula, de sang tigre altéré;
De Bacchus, de Neptune, et Priape et Mercure,
Prenant thyrse, trident, la barbe et la figure,
Invitant, comme dieu, son ami, son égal,
Son cheval à souper!.... d'une auge de cristal,
De vases d'or versant le vin, l'orge dorée,
Lui donnant des valets, dont la riche livrée
Effaçait le brocard; pour suivre tous ses pas,
Servir les proconsuls priés à ses repas!
Qui le nomma pontife! excès de son caprice;
Le fou Caligula, pour marquer sa justice,
Juste une seule fois, exila ce damné,
Loin des Samaritains, au fond du Dauphiné.
Pour voiler ses décrets, souvent la Providence
Donne à tous les méchants les yeux de la démence!
On relira toujours!.... Pour réclamer son pain,
J'ai vu le boulanger prier, tendre la main;
Nulle pitié pour lui n'accueillit sa misère,
Ne promit un sourire, une saison prospère,

(1 Considérant du jugement de Pilate contre J.-C.

Lorsqu'il ne demandait, à l'appui des pouvoirs,
Que le partage égal des rigoureux devoirs :
Est-il un être, un joug, plus facile à conduire,
De l'homme, un boulanger, plus flexible à réduire ?
Comme l'abeille aux champs travaillant tous les jours,
La nuit par ses travaux redouble les secours,
De ces nombreux essaims la ruche industrieuse,
Butin, source d'État, utile et précieuse,
Abandonne aux frélons, à leur avidité,
Le fruit de ses sueurs, miel de l'activité !
Si l'humble boulanger, d'une voix suppliante,
Appelle à son secours l'autorité puissante,
Ce n'est pas pour briser, détruire, ravager
L'arche sainte des lois qui doit le protéger,
Mais de sa nudité, richesse de l'usure,
Montrer à tous les yeux l'effrayante mesure !...
Perdu par le désert, ne peut-il, sans mourir,
Rechercher le palmier qui peut le secourir ;
Et, guidé par le ciel, à sa longue souffrance,
De l'Arabe égaré réclamer l'assistance ?
Qui peut traiter d'orgueil, d'outrage audacieux,
Les plaintes qu'un mortel dirige vers ses dieux,
Et demande aux abois, près du secret augure,
Le terme de ses maux, des douleurs qu'il endure ?
Tel l'esclave soumis, enchaîné, malheureux,
Sous l'Equateur réclame un soleil plus heureux !
Jamais sous les glaçons la fleur ne se colore,
Sans la douce chaleur l'oiseau ne peut éclore ;
Au calice l'abeille aspire et boit le miel,
La guêpe, qui la suit, se délecte du fiel ;
La génisse, au lait frais, aux traînantes mamelles,
Préfère le sainfoin des récoltes nouvelles ;
Tous les être vivants, dans leurs secrets désirs,
Recherchent par instinct leurs goûts et leurs plaisirs.
Ainsi, de tous mes goûts, ma faible intelligence
Me fait à mon bonheur donner la préférence ;
Je réclame mes droits ; dans ma calme fierté,
De mes rares plaisirs j'aime la liberté ;
Je lis, pense et j'écris : ce charme de ma vie
A de lâches amis peut-il porter envie !
Seul, je ne connais pas l'aride oisiveté ;
Le monde m'appartient dans ma captivité.
O divine magie, ô charme qui m'opprime !
Je m'égare, étonné ! ta volonté sublime,
Par un frémissement, ou de crainte ou d'amour,
Qui, loin de s'affaiblir, s'exalte chaque jour,
Me fait aimer, et j'aime ! Ou délire ou faiblesse,
J'éprouve des plaisirs la chimérique ivresse.
Est-ce un rêve, une erreur, une idéalité ?
Laissez-moi le mensonge, à vous la vérité !...

Je rêve! et l'attrayante et douce Circassienne
Mêle, avec ses soupirs, son âme avec la mienne;
Au doux parfum de l'ambre embaumant ses cheveux,
Asphyxiés d'amour, nous rêvons tous les deux!
Je rêve! et l'inquiète et bouillante Andalouse,
Ame de son amant, de son ombre jalouse,
Aimant de tous ses maux, aimant à les souffrir,
S'attache où je sais vivre, où je meurs, sait mourir!
Je rêve... Je te vois; tu m'aimais, bonne mère!
Comme tu me pressais, près de quitter la terre!
Me serrant sur ton cœur, tu me disais : Dors là!
Dans ce rêve d'amour son âme s'envola!
Je rêve! et l'inconstante et sauvage Africaine :
A toi, moi, blanc aimé! sans contrainte et sans chaîne,
L'oiseau léger becquette, à l'arbre, un joli fruit;
A voir; plus aimé toi, me délaisse et s'enfuit!
Et ne rêvez-vous pas les abus, l'esclavage?
Ah! domptez une hyène au sortir de sa cage;
Indomptable, féroce, elle retourne aux bois,
Chercher la liberté sous de plus douces lois!

Je rêvais!.... Liberté, de l'arbre de sagesse
J'admirais tous les fruits mûris par leur vieillesse;
Liberté! je croyais à l'ordre des pouvoirs,
L'heureuse paix de l'homme à remplir ses devoirs!...
Je remarquais les lois qui guident la nature,
De toute liberté l'admirable structure.
J'observais le soleil!.... Il sort du sein des mers,
Sans quitter l'Ecliptique éclaire l'univers,
Au Bélier tous les ans recommence sa course,
Et de ses feux nouveaux revient féconder l'Ourse;
Sous ses embrassements l'onde amoureuse fuit;
De la glace des monts, source qui la produit,
Ses veines par torrents, vers le cœur de la terre,
De l'abîme des mers vont ranimer l'artère!
Sans jamais interrompre et déranger leurs tours,
Les jours suivent les nuits, les nuits suivent les jours;
La plante vers les cieux gravite, et sa plumule
S'éloigne de la terre où fuit sa radicule;
Le poisson vit dans l'eau..., privé de mouvement,
Expire loin des gaz du liquide élément.

Tout subit les décrets de la nature entière :
Privé d'air, l'homme meurt où s'éteint la lumière.
L'arbrisseau, l'animal, et la terre et le ciel,
Sortirent du chaos par cet ordre éternel!
Mais, vain, l'homme, trompé par sa fausse science,
Veut sonder les secrets dus à la Providence;
Dieu, pour punir son crime et sa témérité,

Accroît son fol orgueil par l'incrédulité .
Dès qu'il semble toucher à cette œuvre sublime ,
Son esprit égaré s'est perdu dans l'abîme !
Que cherchait-il ? un Dieu ! Qui le veut rencontrer
S'incline, croit, apprend à toujours l'adorer !
La liberté de l'homme est l'ordre et la justice,
L'esclavage des lois, puissance protectrice,
Qui fixe le champ clos et du bien et du mal ;
La Charte, et des Français le code social,
Qui vous laissent agir, penser, parler, écrire,
Boire, manger, ronfler, chanter, pleurer ou rire,
Haïr, aimer le Roi !... choisir entre les dieux
Le plus digne de nous de commander aux cieux !
Qui vous gêne ? adorez une asperge, une rose,
Croyez à Pythagore, à sa métempsycose !...
Du Dieu de Sinaï, vieux enfants d'Israël,
Ouvrez le tabernacle et parfumez l'autel !
Accourez, Musulmans, bibliques Calvinistes,
Frères illuminés, doctes Saint-Simonistes,
Prêchez le saint amour !... moi, dans ma liberté,
Je reconnais des lois l'auguste autorité !
J'obéis à César.... ; à ma belle patrie,
Appartiennent mon fils, et mon sang, et ma vie !
Je me laisse guider ; certain de n'être rien,
Je m'instruis aux conseils de nos hommes de bien !
Je crains un Dieu caché, je l'adore en silence ;
Pour temple le Seigneur choisit la conscience !
Je chéris le respect, encens pur, précieux,
Qui retombe en bienfaits, douce manne des cieux ;
Humble, je prie ; un Dieu, pour prix de ma prière,
De ma foi qui s'éteint ranimant la lumière,
Me fait à le prier retrouver le bonheur.
Comme la mort, la vie est l'énigme du cœur.
J'implore et je me courbe au marchepied du trône ;
Au maître qui commande, au maître qui pardonne,
Et des sages pouvoirs, sans les peser cent fois,
Ne rive les anneaux de la chaîne des rois ;
Je réclame mon bien !... Une main secourable
Ne jettera le foin à ma fétide étable !
Mais j'ai donné mon pain ; de mes froides sueurs,
J'ai versé goutte à goutte espérance ; mes pleurs,
Ces perles de cristal, brillant au diadème,
De la gale des gueux restent-elles l'emblème !
Soit ! je suis gueux ! tant mieux ! Que me fait l'avenir ?
J'ai perdu l'espérance avec le souvenir ;
Non, je n'espère plus, ma raison s'est éteinte,
L'oubli n'a plus d'amour, l'oubli n'a plus de crainte,
Je peux ne plus trembler, oser à faire un pas ;
L'État de tous les gueux prépare le repas ;

Et, sans honte, accolé, j'aurai de la misère,
Caton, de ta vertu la sœur hospitalière !

Ah ! j'ai donc bien souffert ! tout mon corps est froissé.
Chacun de mes cheveux reste encor hérissé ;
Une froide sueur redouble ma faiblesse ;
Sous mes yeux affaiblis, que voile la tristesse,
Je te voyais pleurer, Idéalda ! pourquoi ?
Tiens, je me le rappelle ; en veillant près de moi,
Tu me disais : Ami, laisse tous ces vampires ;
Je pourrais travailler, évite leurs délires ;
Oui, Dieu saura calmer leurs folles passions ;
Le temps et les douleurs domptent les vieux lions !
Il nous faudra si peu ! le travail c'est l'aumône,
Et qui travaille prie, en priant on moissonne.
Ma fille, Idéalda, non, tu ne connais pas,
Loin du pasteur, les loups qui rôdent sur nos pas !
Près de moi viens mourir ; oh ! oui, meurs la première ;
Pour la vertu, le ciel ouvre son cimetière ;
Je te joindrai bientôt ; va dans l'éternité
Préparer le chemin de notre liberté !
Vois, vois surgir ces loups ; jusque dans leur vieillesse,
Ils dévorent l'agneau que gardait la sagesse ;
De leurs cruelles dents laisse-moi t'affranchir,
Obéis, aime-moi, comme je sais haïr !
Mourir ! mais c'est l'amour, le vif désir de l'âme,
A revenir à Dieu, sa primitive flamme !
Notre âme se tourmente, et, captive ici-bas,
Heureuse, fuit le corps, et délaisse au trépas
L'inerte chrysalide, impuissante matière,
Qui retourne au néant où Dieu prit la poussière !
De la cloche le glas, tintements fugitifs,
Les sourds gémissements, et les regrets plaintifs,
De l'autel les parfums, des hymnes les cantiques,
S'unissent dans les cieux aux concerts séraphiques ;
Des vierges la couronne est, dans l'éternité,
Le symbole éclatant de l'immortalité !
Mourir, Idéalda ! rester seul sur la terre ;
Seul attendre la mort !… toi, quitter ton vieux père ;
Nous séparer !… tu veux attendre près de moi
De Dieu les volontés, obéir à la foi ;
Vivre, pour partager, soulager ma souffrance ;
La mort glacer ton cœur où naissait l'espérance !
Mais la faim, les chagrins, sauront bien te punir
D'aimer avec amour et de m'appartenir !
Pour vivre, il faut manger, donner à la poitrine
Une fade pâtée, un peu d'eau, de farine ;
Le sauvage inactif, au rang des animaux,
Se nourrit, vit heureux, sans peine et sans travaux ;

L'oiseau par les guérets trouve sa nourriture :
L'homme civilisé reste seul sans pâture,
Et le génie, avide à lui ravir son bien,
Lui cache le secret de se nourrir de rien !
Lorsque tu vis le jour, avant que la lumière
N'apportât ses rayons sous ta faible paupière,
De son sein engorgé d'un lait pur, naturel,
Ta mère t'abreuvait du breuvage du ciel ;
La nuit elle veillait ; je travaillais encore,
Et, surpris au pétrin par la tardive aurore,
J'allais à ton berceau, je le fermais sans bruit.
Sous son duvet soyeux l'arbre couvre son fruit ;
Je travaillais pour toi : que j'avais de courage,
Que j'avais de bonheur !.... De l'espace, de l'âge,
J'écartais les longs jours ; vieillard, tel qu'aujourd'hui,
Je comptais pour bâton sur ton fidèle appui ;
Et, pour tromper la mort, qui poursuit la vieillesse,
J'aimais de tes baisers rêver une caresse.
Sans bonheur tu languis : ainsi des tristes fleurs,
Loin des feux du soleil, se fanent les couleurs.
Tu déguises ta peine, et veux par la prière
Détourner mes regards !.... Je vois notre misère !
Sans secours la vertu succombe au désespoir ;
Et, pour vivre aujourd'hui, le crime est un devoir !...
Va, va bilboqueter à la place publique,
Farde tous tes attraits, des mœurs ouvre boutique,
Sois l'incube démon, la louve aux loups maudits ;
Fais profits de leur rage, éteints leurs appétits !
Hâte-toi, va courir la fangeuse coulisse
Où, le soir, le boa s'assoupit et se glisse ;
Souple, fais la couleuvre ; un boa réveillé,
De tes reptiles plis, joyeux, émerveillé,
Excité, s'animant par sa gueule béante
Sur ses écailles d'or, de sa bave écumante
Jetant, pour s'amollir, tout le venin baveux,
Ressaisira sa proie, amour de tous ses vœux !

Espérer ! la raison !... cet œil de la bétise,
Au chevet du béta la raison s'est assise !
Au siècle des esprits l'homme gazométré
L'étouffe et la maudit ! Oui, l'homme a démontré
Qu'attendre son dîner, c'est risquer, à l'attendre,
De ne jamais manger ; que mieux vaut de le prendre !
Choisis ! meurs !... ou suivons l'heureux professorat ;
Pour vivre près des loups, soyons souris et rat !
Du ladre et du larron à mon âme paisible
Le ciel ne joignit pas le cœur froid, insensible ;
Je souffre à voir souffrir, à voir sous les haillons
L'homme qui du travail laboure les sillons.

Aux gueux, aux scélérats, et l'opprobre et la honte !
Au creuset de l'Etat, l'Etat a sa refonte ;
Il doit rebattre l'or, donner en cas urgent
Et l'aumône et du pain, à l'Etat de l'argent ;
Mais, pour nous secourir, du vrai germe de l'homme
Je n'ai pu retrouver le pepin d'une pomme !

G. ORTET.

Bordeaux, le 17 mars 1845.

Au moment où je mets sous presse, l'*Echo de la Boulangerie* exhale ses douleurs : *Est-il vrai que les lois suffisent ? Tout n'est que chaos et désordre !...* Indiscret *Echo !* vos boulangers ne veulent donc plus de toutes vos lois répressives, de votre *égalité*, cette niveleuse du chaos !

Le chaos n'est pas dans les lois ; le chaos est dans les volontés de l'égoïsme qui veut tout envahir : pourquoi ne pas finir par où il fallait commencer, et réclamer le bénéfice des lois ?

M. le Rédacteur de l'*Echo de la Boulangerie* cherche des hommes pour défendre nos intérêts, et il n'a pu trouver une réfutation à mes aveux : c'est convenir que, dans la question de la Boulangerie, si simple et si nationale, tout n'a été que fourberies, rapines, turpitudes, intrigues, vanité, mépris !

Des hommes !!! des hommes !!! Je réclame le droit, malheur public !!!... Si Guttemberg assista la menace de la révolte qui anéantit la Puissance en révolte qui ne sut vouloir obéir, assistez-moi de Guttemberg, et je reconstituerai l'organisation de la Boulangerie.

L'Etat constitutif *est-il oui ou non la loi ?* voilà toute la question. Pauvres boulangers !!! pauvres hommes !!!...

Toutes les propriétés sont inviolables

(Charte, art. 8.)

A Messieurs les Députés.

Toutes les propriétés sont inviolables.

(*Charte*, art. 8.)

MESSIEURS,

Les boulangers de la ville de Bordeaux, ruinés ainsi que ceux de toutes les villes de France, excepté Paris où l'État protége la Boulangerie, ont réclamé de M. le Ministre du commerce, afin de mettre un terme à leur déplorable situation, qui résulte :

1° Des innovations incessantes de l'administration municipale tendant à obtenir, par l'abus de fictives autorisations spéciales accordées sans limites, et par le plus grand nombre de boulangers, trompés dans leur fausse sécurité, les plus grandes quantités d'approvisionnements possibles ;

2° De l'abaissement successif des taxes du prix du pain que l'administration impose par l'absolu, résultant de sordides combinaisons de l'intérêt administratif et de l'intérêt privé, de la concurrence des boulangers de la cité entre eux, et de la concurrence du libre arbitre des boulangers forains, fabricant à meilleur marché, et servant de prétexte à l'administration pour établir les taxes au-dessous des prix de revient.

Les réclamations de la Boulangerie se rattachent :

1° A l'intérêt de toute industrie qui doit se protéger contre sa ruine, et compter sur l'appui de l'État.

2° A l'intérêt des populations qui souffrent du refus du crédit de la Boulangerie, qui ne peut plus s'exposer à perdre un sixième de sa distribution ;

3° A l'intérêt de la sécurité des villes, privées des approvisionnements de réserves, et du pain à la première sérieuse disproportion des rapports des prix des taxes et des prix des farines ;

4° A l'intérêt de l'agriculture qui s'appauvrit par la dépréciation de ses produits, et du commerce qui, ruiné lui-même, abandonne la minoterie, dont les produits falsifiés diminuent les profits de la Boulangerie, et qui, par l'exiguité de ses ressources, ne pourrait offrir à la Boulangerie les moyens immenses de se pourvoir en cas de disette ;

5° A l'intérêt de la foi publique et de l'Etat que compromet la confusion anarchique du chaos de toutes les législations, qui réduit les mêmes lois à être les lois et à ne pas être les lois.

A toutes les réclamations M. le Ministre du commerce n'a répondu que par l'opposition générique des textes des lois; mais, les reconnaissant en opposition à ses prétextes, M. le Ministre ne les indique même pas.

M. le Ministre du commerce a répondu :

Les lois actuellement en vigueur s'opposent aux conditions exceptionnelles proposées pour la profession de boulanger, et les lois suffisent pour obtenir, dans l'intérêt de tous, les garanties d'ordre public que comporte ce commerce.

1° Quelles sont ces lois? la question était assez grave pour les indiquer.

2° Si les lois s'opposent aux conditions exceptionnelles proposées pour la profession de boulanger, les lois ne doivent point s'opposer aux approvisionnements, aux taxes que veulent consentir les boulangers, et que l'administration exige impérativement par les lois; la question est de préciser, par les lois en vigueur, si les taxes, les approvisionnements peuvent être imposés sans compensations, et à cet égard M. le Ministre n'a rien résolu.

3° Les lois en vigueur s'opposent-elles à la limitation du nombre des boulangers; quelles sont ces lois? Il n'en est aucune; l'action limitative ressort uniquement de la Puissance qui n'obéit qu'à la Puissance, de l'action de la loi contre la loi. Les lois sur

les brevets, diplômes, offices, autorisations spéciales peuvent ne
pas en déterminer le nombre, la Puissance ayant voulu se réser-
ver l'extension ; mais de la volonté de la Puissance peut résulter la
restriction ou la limitation ; et il n'est pas une seule profession
réglementée pour laquelle de nombreux candidats ne réclament
l'extension.

Si les autorisations spéciales ordonnées pour la Boulangerie
par le décret organique du 22 décembre 1812 n'eussent pas été
une déception, la Boulangerie n'eût jamais réclamé, et la preuve
de l'abus de la délivrance des autorisations résulte de la demande
de la limitation du nombre des boulangers, faite par l'administra ·
tion, qui avait l'autorité de refuser les autorisations, ce qui con-
stituait une restriction limitative. Or, le décret de 1812 n'accor-
dait pas à l'administration l'autorité du refus des autorisations
pour les délivrer à tout réclamant ; alors les vingt-sept boulangers supprimés par confirmation de décision ministérielle eussent été boulangers le lendemain, et je suis certain que M. le
Ministre du commerce n'eût pas répondu au maître de l'Empire,
à l'unitif législateur, que le décret de 1812 résolvait le problème
de la désorganisation organique.

La Puissance peut étendre la restriction jusqu'alors qu'elle
rencontre la Puissance, que le droit rencontre le droit ; la Puissance peut restreindre, réglementer par autorisations spéciales
contre tous les industriels qui ne possèdent pas l'industrie, réglementer contre les industriels qui possèdent, par préalables
compensations.

4° Si les lois en vigueur permettent, par l'absolu, d'imposer
aux boulangers l'obligation des approvisionnements et des taxes,
de violer la propriété, et s'opposent à l'organisation de l'industrie, la Boulangerie doit obéir aux volontés des lois, et les lois
doivent être modifiées.

5° Si les lois en vigueur *suffisent pour obtenir, dans l'intérêt
de tous, les garanties d'ordre public que comporte le commerce
de la Boulangerie*, la Boulangerie, partie intégrante de l'intérêt public, doit retrouver *par les lois en vigueur*, et pour elle-
même, les garanties de tous ; si les lois suffisent, alors elles ne

sont pas exécutées; les plaintes de toute la Boulangerie de France sont fondées ou ridicules.

6° Mais si les lois imposées à la Boulangerie ne sont pas les lois, que ces vieilles lois abrogées violent les lois; que, parfaitement suffisantes à l'intérêt public, *qui veut du pain et pour rien,* elles soient contraires à l'intérêt de la Boulangerie, la Boulangerie ne doit pas les subir.

Si des lois en vigueur et de leur exécution résultent les garanties de l'intérêt public, les lois invoquées par M. le Ministre du commerce contre la Boulangerie s'opposent à cet intérêt, attendu que vous avez reconnu, Messieurs les Députés, sur les réclamations de MM. les Boulangers de Strasbourg, que les lois imposées à la Boulangerie placent cette industrie dans une position exceptionnelle d'ordre public; or, l'exception en droit public est l'exclusion, la violation.

Elu délégué de la Boulangerie de la ville de Bordeaux, afin de réclamer dans son intérêt une organisation, j'ai, depuis le 3 août 1843, expliqué mon système dans mon rapport à M. le Ministre, qui n'a rien opposé encore à la légalité des principes.

Je ne viens pas réclamer comme mandataire de cette industrie; vous pourriez, Messieurs les Députés, ainsi que M. le Ministre du commerce et l'administration, ne point vous arrêter à ce titre; je ne me permets pas de m'exposer à développer mes propositions; j'ai l'honneur de ne vous soumettre mon rapport et mes observations que comme documents de comparaison aux objections de M. le Ministre, et à un autre écrit sur des combinaisons différentes et dans le même intérêt, et pouvant vous éclairer, Messieurs les Députés, sur le vrai de la question, alors que M. le Ministre du commerce reconnaîtra l'utilité de s'occuper de l'organisation de la Boulangerie, et que vous daignerez, Messieurs les Députés, accorder aux boulangers une part de votre haute protection; et comme preuve que tout a été offert à l'administration, que tout a été refusé, j'ai l'honneur de vous soumettre :

N° 1. *Rapport à MM. les Députés et à MM. les Conseillers municipaux,* par M. Labat jeune, boulanger forain, adjoint de maire de la commune de Caudéran (Gironde), secrétaire de MM. les

Syndics de la ville de Bordeaux, qui l'ont approuvé, concluant :

Par conviction que l'administration accorderait protection à la Boulangerie en compensation de ses sacrifices, par l'augmentation des approvisionnements, par l'augmentation des rapports des taxes, et la limitation du nombre des boulangers ; conclusions qui, appuyées sur le décret de 1812, placent la Boulangerie sous l'absolu de l'administration, et la contraignent à obéir à sa ruine *quand même*.

N° 2. *Mon rapport à M. le Ministre du commerce, comme délégué de la Boulangerie*, concluant :

Par conviction que l'administration n'accorderait rien, par la proposition d'approvisionnements et des taxes équitables, consentis, et par la limitation du nombre des boulangers ; conclusions qui, conformément aux art. 8-9 de notre Etat constitutif, qui consacrent l'inviolabilité de la propriété, et le sacrifice par l'indemnité, ramènent la Boulangerie sous la protection de la loi, et lui permettent de faire refus à l'exigence de tous approvisionnements et taxes dont le sacrifice n'ait été ordonné et l'indemnité payée.

N° 3. *La Pétrie ou l'Industrie en débine*, historique sur la Boulangerie ; absolu, corruption, anarchie, ruine, organisation, légalité ; réfutation aux objections de M. le Ministre du commerce.

Particulièrement, daignez me permettre de réclamer de votre haute sollicitude, Messieurs les Députés, de m'aider à obtenir de MM. les Ministres l'exécution des lois positives pour et contre la Boulangerie ; et, afin que MM. les Ministres ne puissent se méprendre sur mes fausses indications, j'ai l'honneur, Messieurs les Députés, de vous en rappeler le texte :

Toutes les propriétés sont inviolables. (Charte, art. 8.)

L'Etat peut exiger le sacrifice de la propriété pour cause d'intérêt public, mais avec préalable indemnité. (Charte, art. 9.)

Par les lois en vigueur, mes farines, mon pain étant ma propriété, *propriété inviolable*, je sollicite par votre intervention, Messieurs les Députés, que MM. les Ministres ordonnent le sacrifice de ma propriété par l'Etat et en acquittent l'indemnité,

avant de la violer par l'exigence de l'absolu, des approvisionnements et des taxes sans indemnité.

Si je me suis trompé, Messieurs les Députés, sur ce que commandent les lois, veuillez bien le déclarer dans l'intérêt de la loi,
qui ne peut avoir qu'une volonté.

Dépouillé, par mon arbitre, du mandat de délégué de la Boulangerie, je devrais hésiter, Messieurs les Députés, à réclamer
l'assistance de votre haute et puissante protection; mais, convaincu que le plus humble des citoyens, par sa digne humilité et
le droit, peut s'élever jusqu'à supplier de la Puissance,

Humble, je réclame l'appui de votre équitable justice.

Daignez agréer,

Messieurs les Députés,

l'assurance de mon très humble respect.

G. ORTET,

5, rue de la Craberie.

Bordeaux, le 17 mars 1845.

Bordeaux. LAZARD-LÉVY, imprimeur.

ERRATA.

Page 25, ligne 28, lisez :

Des nouveaux Kopernics avaient triplé *les listes.*